奴国王 卑弥呼

山田 勝

目録

第一章	卑弥呼	3
第二章	汉（漢）字	45
第三章	伊志治	53
第四章	三国志　巻三十烏丸鮮卑東夷伝（倭）	57
第五章	官渡の戦いの後	83
第六章	「魏書」五　后妃傳第五	95
第七章	奴	99
第八章	袁譚	103
第九章	漢書と後（后）漢書	113
第十章	鮮卑滅亡	123
第十一章	壹興（臺与）と倭健	127
第十二章	徐福	133
第十三章	白水郎	145
第十四章	熊襲（楚）	175
第十五章	弥生人	179
第十六章	天皇氏から始皇帝と燕	189
第十七章	黄帝	195
第十八章	立伝寺	205

第一章

卑弥呼

　『三国志』を開き目次を追っていくと妙な箇所に視線が止まります。『三国志』の目次の内訳は「魏書」巻1から巻30まで、次は「蜀書」巻31から巻45、巻46から巻65までの「呉書」20で終わっています。『三国志』の目次の初めは、巻1の「魏書」武帝操、巻2は文帝丕、巻3は明帝叡、後に登場人物で続き、巻29は方技傳第29、華佗、呉晋、と、そして、「魏書」の終わり巻30は、烏丸、鮮卑、東夷。東夷の項目の中に夫餘、高句麗、東沃沮、挹婁、濊、韓、倭です。

　武帝操は曹操のこと、文帝丕は曹丕のこと、明帝叡は血の繋がりのない卑弥呼の孫になります。

　明帝叡の母親は文郭皇后（郭女王）です。領土の名称は後漢の名称ですが支配者は魏です。漢の末年は漢の皇族郭夫人（文郭皇后）が魏の実権を握っていました。

　『漢書』には曹操の名を見ることはありません。『後漢書』では袁紹の項に卑劣な男と僅かに紹介されています。これも重要な事です。

　『三国志』の目次は時代に沿って登場人物の姓名で構成されていますが、巻三十だけは文章の表題も内容が明らかに違います。『三国志』には無くても良い項目ですが主人公の曹操に対するもうひとりの主人公卑弥呼を登場させています。卑弥呼を登場させるために作られた巻末の項目だと受け取っても構わないでしょう。

　出来事は200年に起こりました。袁紹は主力10万の軍勢に応援が2万の軍勢で、対する曹操は精鋭7000に応援を入れて2万の軍勢で袁

紹の圧倒的な軍勢に立ち向かいます。

歴史上に残る官渡の戦いです、負けるはずのない袁紹が破れ、3万の軍勢を連れて烏丸に還ります。

それから2年で袁紹は病でこの世を去り、失意の袁紹の后、劉夫人が身の回りの一族を連れて九州の倭、筑紫平野の奴国で暮らします。卑弥呼は『三国志』の烏丸の漢の名門袁家の袁紹の后です。劉夫人は倭で媛（ビミ）と呼ばせたのです。

曹操の后も劉夫人といい、宗家劉夫人は皇族ですが関係は未詳です。

別の考えですが作者の陳寿は他にも劉夫人という后を記述しています。各夫人の全てを知るのには困難な歴史を調べなければならず省略したかもしれません。

卑弥呼 bēimíhū/bi はべを短く発音し続いて漢語でミフと読みますが、発声方法が違います。漢語の発声は母音の後の子音の発声には四声があります。卑弥呼をベミと周りの人が声を出して呼んでいるという意味ですが、漢字で書かれていても漢 hàn や魏 wèi の言葉です。現代でも中国と台湾、他の地域では音のずれがあり、台湾（越国〜閩越国〜閩国、福州と同じ発音）の発音ではビミと発音しています。古代の喋り言葉を訛りなしの音で解釈をするのは無理があります。倭人と漢人では発声方法が違うから当たり前のことです。現在でも中国大陸の人、朝鮮半島の人の日本語は僅かですがなまります。答える日本人言葉もなまって聞こえているはずです。ベミは媛（ビミ）と発音が近くても可笑しくはありません。特に漢語は発音が主となります。

烏垣（烏丸）、鮮卑の卑弥呼の発音は20世紀前です。斉、燕、胡と華夏族も北方民族は上古漢語を使います。言語が違いますが東胡や高夷、そして華夏も国境付近では隣同士で言語が違うとは言い切れません。北の越も南下しています。百越は古越語ですが南の国の総称です。「北方胡、南方越是同」と言われていましたが、20世紀前の話です。詳しくわかる筈がありせんが地理的に近い同じ遊牧民上漢蒙古語の発音で調べ

てみます。卑弥呼は漢蒙音（二世紀前の言葉はわかりませんが上古漢語ではなく後はこの表記を使用）でHimikoと発音します。そのほか、百越（多くの越國）後の越南を倭人はエツナン、漢音でYuènán、漢蒙音Viyetnamと発音します。越南の民族も漢越音でHimikoと発音しています。

倭人がヒミコと発音しているのは間違っていませんが、呼を区切って卑弥ﾄ呼ﾌとか卑弥ﾄ呼ｼﾃﾞﾙと言っています。漢の帯方郡のソウルを訪ねた朝貢の使者は、漢の役人に卑弥ﾄ呼ﾌと伝えたと考えても良いと思いませんか。

簡単な話ですが、卑弥呼は姓名を明かさず朝貢の使者達に姫（媛）と呼ばせたのでしょうか。名前を明かすと『三国志』の文章が壊れる、もしくは当時の状況下では止むをえなかったかもしれません。

巻30の主人公の姓名を隠さねばならない伏せなければならない。これが卑弥呼のおかれていた立場を表しているかもしれません。これも卑弥呼の姿を表する重大な問いになるかもしれません。倭人伝が載っている『三国志』には、殆どの登場人物の姓名が正しく記載されています。まして出自がわかっている人物の姓名がわからないのは卑弥呼（他に狗耶国、卑弥弓呼）だけとはどうしたことでしょうか。納得できません。なぜなら卑弥呼の前に朝貢した倭國王師升（漢語 Shī shēng）も姓名を明らかにしています。後の壹与の姓名も史記に記しています。一番出自がわかっている倭人伝の主役の卑弥呼の姓名が記載されていないのは不自然より不可解です。これが卑弥呼の全ての立場を表していると思います。とても重要な話です。

なぜ、卑弥呼なのか？　同族が暮らしている部落から近隣の部落を訪ねますと話し言葉は正しく伝わっていません。近年までも日本中で言葉が通じない倭語、本洲語の会話の発音が広く伝わるのは明治以後です。明治政府が特に標準語の復旧に力を注ぎましたが、それ以前は会話に使う言葉は無数あり、まして魏や晋（漢音 jìn）の人がまとめた魏志の漢音・

漢蒙語 wèizhì や『三国志』は漢音 Sānguózhì、漢越音 Sanguozhi と発音においてどれほど正確に伝わったのか疑問よりも不可で拘るのは混乱を招くだけです。

「ベミとかヒミと呼んでいる」というとき、呼ぶという発音は hū か ko ですが、発音が違っても意味は同じです。ではベミやビミ（媛・姫）と呼ばれた女性は誰なのか弥生期に活躍した卑弥呼を尋ねてみます。

漢や魏の人は卑弥呼をどのように発音したのでしょうか。なぜ、『三国志』の倭人伝には他の官氏の読み取りにくい名前も記載していますが、卑弥呼と『後漢書』に記されている邪馬臺国伝統大王の名前が記していないのは不自然です。しかし、これを逆に考えると名前を出すことができなかった訳、このことを捉えれば卑弥呼と伝統大王の関係、及びその時代の出来事をあぶり出すことができます。

地名の表記においても倭人の発音に当て字をしていますが、当時の日本には文字が無かったのでしょうか。漢の時代には既に文字はありますから幾つか考えられます。

倭を訪ねる魏、又は漢使は、卑弥呼と伝統大王にも面会の必要のない度々倭国を検証する公務の役人でしょうか。倭の出来事は取りあえず耳を傾け届け物を済ませばそれで任務完了。それ以上に倭には関心が薄くそこまで奥深く倭に深入りしたのでしょうか、結局、帯方郡 soul を訪ねる倭の使者から逐次、倭の情報を聞いて上司役に報告しています。その中には重複する話も間違えた情報もあったでしょう。

少し丁寧に古代の資料を読むと古代の系図では景行天皇は倭媛(やまとひめ)と婚姻関係があると記されていますが、御子が記されていません。倭媛をなぜ、大和姫と表わすのか不思議です。倭媛は伊勢神宮の道案内をしたと云われていますが、それ以外は空白になっています。整理のしづらい系図ですが、倭の媛と呼ぶと系図に記載されては卑弥呼を連想させますが、決め手がなければ無視されても仕方のないことです。天照大神は古代神話の皇祖神を表しています。なぜ、天照大神を伊勢の大神と表するのか、伊は姓に使うか頭に持って使う意味が無い漢字です。人の動作は「姿勢」

と言い、お姿を伊で表しています。お姿は無いが坐(おわ)しますと語っており、天照大神は伊勢の大神と表しています。

なぜ、『三国志』の倭人伝の語りの主役は卑弥呼なのか、『三国志』の登場人物の没時は記されていなくても卑弥呼の没時が記されています。漢の王から金印を授かり、卑弥呼は奴国を鬼道で治めるとの語り継がれた話は有名な話ですから、卑弥呼を説明するにはおおいに参考になります。

謎めいた女王の印象ですが卑弥呼は自(みずか)らの国（燕、垣、袁、爰、Yuán）の系統を残すために我が身を犠牲にし腐心し多くの苦難を乗り越えて最後に宿願を果たしました。波乱万丈の末に次の世代である我が子に託し、我に課せられた役目を全うし強い心をもった優しい人物像が浮かび上がります。

この古代の出来事を調べるのには欲を言えばきりがありません。不適切な史記、資料を数多く求めても意味がありません。正しく書いてある二つの出来事を知ればそれを起点にすることができます。

卑弥呼と大王の名前の意味は不明です。魏の『三国志』の記載文書から丁寧に読み解くと、卑弥と呼ばれた皇族の后の名称が出てきます。おおよその活躍した年度はしっかりしていますから、この年代に沿って亜細亜大陸の出来事をその地で使われた言葉で調べていきますと答えも出るかもしれません。またそれ以上の期待した答えも出るでしょう。

では、卑弥呼をHimikoと発音する民族を探します。外夷と言われている倭、胡、越、匈奴の民族は卑弥呼と記された文字をHimikoと発音しています。なぜ、魏の発音と違うのでしょうか。魏の文字の発音は魏wèiです。

倭音でGi、漢越音はWeiです。漢蒙音はGiと発音しますから、魏は東漢の戦略家曹操が後漢の後に中原に駒を進めたのも言葉から理解できます。漢蒙音と漢越音の発音が異なりますが倭音はGiと発音します。漢蒙音と同じで裏を返せば中原の出来事と繋がっています。北から南の

中原に魏は侵攻しますが、越には影響を及ぼしていない証になります。

漢の文字は漢音 hàn、漢越音 han と読みますが、漢は日本では Kan と読みます。卑弥呼は漢の文字を Kan と読む、魏を Gi と発音する倭と同じ、漢蒙音と読む渡来系の弥生人かも知れません。しかしこれだけでは答えになりません。

『三國志』巻 30 「魏書」30 烏丸鮮卑東夷傳第 30 の中に倭人伝がありますが、烏丸鮮卑の項に、「地宜青穄、東牆、東牆似蓬草、實如葵子、至十月熟。能作白酒、而不知作麴糱。米常仰中國。」とあります。

中国大陸の話です。訳してみましょう。

青穄（烏垣）の地は広く知られています。東牆（東牆是原暗夜精靈現已轉為人類）は、東牆は河骨に似る、實は葵子の如く、10 月の暑さが続く。白酒を作れる、そして麴を作ることを知ります、米は常に中国に仰ぐ、と記されています。

卑弥呼の故郷、烏垣は、お米は中国に頼ると記載されていました、倭の奴国で種禾稲（稲谷、もみ）が栽培されましたが、この種禾稲の産地が胡越の地としていますから、胡越の人が既に渡来していたと考えねばなりません。余談ですが、お酒も楽しんでいました。

古事記には景行天皇に反逆者の名を告げて近隣の国から私の国を守って欲しいと景行天皇に嘆願した爰（Yuán、媛）女人、神夏磯媛が出てきます。

『三国志』の巻 30 の終わりに、「評曰：史、漢著朝鮮、兩越、東京撰錄西羌。魏世匈奴遂衰、更有烏丸、鮮卑、爰及東夷、使譯時通、記述隨事"豈常也哉！」と記載しています。

爰（袁、yuán）の文字が見えます。

『三国志』魏志倭人伝の項には倭国の女王、奴国を鬼道で統治した卑弥呼もいます。どちらの話も同じ年代です。古事記に現れる媛が教えてくれるかもしれません。

古事記の神夏磯媛の名前を読み解くと、古代の神の意味は二通りあります。原始宗教は自然界に宿る神から信仰の形の見えない神を表します

が、神は天地創造の神、その土地の神、もしくは権力者を祭る神、必ず何々の神、と後に神という文字がきます。しかし神（倭音 Kami）姓は頭から、もしくは次に記します。神姓を遡ると神农氏、そして炎帝の出身地、姜姓を名乗る古胡の部落です。年代を考えると正確に表す答えは無理ですが、神（漢音 Shén）の文字には二つの読みがあります。

神（漢蒙音 Burkhan）（漢越音 Chúa）です。では二文字にしてみます。応神天皇の応神の倭音は Oshin で、漢蒙音 Oshin 漢越音 Oshin です。

神功皇后は倭音で Jinkōkōgō、漢蒙音 Khatan khaan Jingu、漢越音では Empress Jingu と発音します。

夏は夏王朝の夏で華と同じ扱いです。秦から漢の時代に占領した国、もしくは同盟国の首領、権力者に秦（漢族）の女性を嫁がせます。その夫婦の間にできた御子を夏子（漢音 Xiàzi）と言いました。御子の民族は華夏族と名乗らせます。華夏族こそ夏王朝から続く正統な中原の主であると宣言し、同じ民族と認めさせます。

占領した国に秦（華、主に宗家族の女性）の妃を、秦は同盟国の権力者に嫁ぐ政策を行い同化していきますが、秦は華夏族ではありません。馬を産出する西戎の秦亭村部族ですが、中原を征服し始皇帝が秦帝国を建国すると逆転の発想で秦を中心に中原の夏王朝の民族を取り込み、華夏族と称し同盟国以外の他の民族を外夷と下げ荒み見下し、自らの正統性を主張していきます。

神夏磯媛の磯は纒向遺跡の近くに磯城郡（崇神天皇の磯城瑞籬宮、垂仁天皇の纒向珠城宮、景行天皇の纒向日代宮、欽明天皇の磯城嶋金刺宮）があります。悩ましいですが『後漢書』に出てくる伝統大王の高殿があったと考えても良いでしょう。

外夷と称された民族と中原の漢族と言葉の形は似ていても発音は明らかに違います。広大な大陸に多数の民族が犇（ひし）めき合っていましたからやむを得ません。

では倭語の亜細亜は漢越音 Á châu、漢蒙音 Azi と言いました。これから察すると日本の言葉は外夷と言われた民族の言葉と主語が似ていま

す。
　この時代は漢の国から来る民に対し外夷の国は畏敬の念を持って接していました。真臘風土記（かんぼじ）にも偽の漢族を名乗り女性を騙して咎められた男性の逸文が残っています。
　日本書紀では「爰（Yuán）有女人（袁［えん、Yuán］の女人有り）、曰、神夏磯媛（漢音 shénxiàjīyuán　漢越音 Kaminatsuisohime　漢蒙音 shénxiàjīyuán）、其徒衆甚多、一國之魁（首領、首謀者）帥（将）也。聆（聞く）天皇之使者至、則拔磯津山之賢木、以上枝挂八握劒、中枝挂八咫鏡（漢越語 Yata no kagami）、下枝挂八尺瓊、亦素幡樹于船舳（船の舳先に素旗を掲げ）、參向而啓之曰「願無下兵。我之属類、必不有違者、今將歸德（政治的品性）矣（文末に用い、語気を表す）。唯有殘賊者、一曰鼻垂、妄假名號、山谷響聚（鳴り響く音を集める）、屯結於菟狹川上。二曰耳垂、殘賊貪婪、屢略人民、是居於御木川上。三曰麻剥、潛聚徒黨、居於高羽川上。四曰土折猪折（漢越語 Dooriinoshishiori）、隱住於緑野川上、獨恃山川之險、以多掠人民（奪う人達、賊）。是四人也、其所據並要害之地、故各領眷属、爲一處之長也。皆曰不從皇命。願急擊之。勿失。於是、武諸木等、先誘麻剥之徒。仍賜赤衣・褌及種々奇物、兼令撝不服之三人。乃率己衆而參來、悉捕誅之。天皇遂幸筑紫、到豊前國長峽県（長崎県）、興行宮而居、故號其處曰京也。」と記されています。

　この文章は神夏磯媛をKaminatsuisohimeと発音しているのは胡越の人です。卑弥呼が過ごした地域は胡越の人が主で北の胡の人が後から渡来したと考えて見ました。いよいよ混迷を極めてきました。越語か漢語か他国語か、順次に説明を追っていきますと豊後国風土記では速見郡に記されています。景行天皇、纒向（漢越音 MatoiMuku　漢音［chánxiàng］）日代宮御宇天皇が行幸されるのを聞き自ら出迎えに向かった。この村の長である早津（漢越音 Hayatu）媛かも知れません。
　しかし、一番大切なことは、ここに書かれている日本書記の文章は和文の読みですが和語の意味ではありません。漢字で書かれていても中国

大陸から来た中国（時代で違いがあります）の意味を含んだ漢字です。一例を「眷属」は家族、身内：（特に夫婦）元来は仏教用語。もう一例「潛聚徒黨」は隠れて集まる仲間、一味です。

　中国で使われる漢字（文字）は伝達を主としています。日本で使う漢字は振り仮名や送り仮名にカタカナで補助します。明らかに読み手を意識した漢字です。近年でも読みにくい難解な漢字（文字）を使い伝達の仕事をしていません。文字の違いに拘らなくても古代の漢字は意味がわかれば役目を果たします。

　秦の始皇帝の兵馬俑は有名ですが、このときに遺跡から文字の統一を行った痕跡の木管（木版）が発見され、そこには各部族（国）が使っている文字の読みが書いていたのです。

爰（Yuán）の女人待つ、（烏垣の垣[Yuán]帝・烏丸の首領袁紹[Yuán]）。

日、神夏磯媛なり、それらの徒衆は甚だ多い、一国の敬われた首領也。

　これが漢語の読みになります。いずれもエンと発音します。

　風土記では、

速見郡。郡伍所。十三。駅弐所。烽（のろし、夜に灯す火）壱所。昔者、纏向日代宮御宇天皇欲誅球磨贈、幸於筑紫。周防国佐波津、発船而渡、泊於海部郡宮浦。時、於此村、有女人。名曰早津媛。為其処長。即、聞天皇行幸、親自奉迎奉言、此山有大磐窟。名曰鼠磐窟、土蜘蛛二人住之。其名曰青、白。又、於直入郡禰疑野、有土蜘蛛三人。其名曰打猨、八田、国摩侶。五人、並為人強暴、衆類亦多在。悉皆謡云、不従皇命、若強喚者、興兵距焉。於茲、天皇遣兵、遮其要害、悉誅滅。因斯、名曰早津媛国。後人、改曰速見郡。

と記されています。

　日本書紀と比べると随分と読みやすくなっています、「親自奉迎奉言」自ら親しく奉迎、お世辞をいう、へつらう（謙）迎える、奉言、謹んで言う。

速見郡から一山越せば宇佐です。速見郡の上に面するのは出雲国（漢越音 Izumo）と同じ杵築（漢越音 kitsuki）郡ですが、偶然ではありません。何ら関係があるでしょう。

又、佐賀には早津江川という地名も残っています。地図を見ると早津江川の北に吉野の里遺跡がありますから関連があると思います。神夏磯媛は鼻垂、耳垂、麻剥、土折猪折、という4人の土蜘蛛がいると伝えています。早津媛は青（烏丸山の烏垣に青州が見れます）、白（白族は中国の少数民族で主要分布地は雲南、貴州、湖南等省、雲南省の白族人口が最多）、又、直入郡禰疑野に打猨、八田、国摩侶の3人の土蜘蛛が皇命に従わない、よって成敗してほしいと依頼しています。

「鼻垂(清紀昀 [閲微草堂筆記・灤陽續錄五]、[槐南一僧] 溘然 [忽然、突然] 而逝、合掌端坐仍如故、鼻垂両玉筯、長尺餘、衆大驚異、喻小冰柱。」耳垂、は顔に装身具をつけた部族と言われています。麻剥は皮を剥ぎ取るという意味ですが、名前で探しますと古代から麻の姓があります。原姓氏は熊桜です。一族の始祖は麻桜と名乗りました。土折猪折は豚（猪）を飼育する部落ですが漢越語や漢蒙語の発音できない倭の言葉が沢山あります。

倭とは北九州と朝鮮半島の南端の一部を指しますが、朝鮮半島の倭、加羅は浦上八国の一つの国に不弥国があり、北九州の倭人伝の不弥国と同じ名称で気にかかります。

柔燃や女真族も半地下式の住居で、どれを指すのか不明ですが、これらの民族も渡来しているかも知れません。

この記紀と風土記の二つの話は似ていますが同じでしょうか。早津媛から神夏磯媛に変わっていたかも知れません。400～500年たってから書かれた話にいかほどの精密さを求めるのか拘りすぎると本題を見失いますのでこのまま、話を進めますが、青、白でも考えれば同族同士です。資料はなくやはり推測です。

倭の女王卑弥呼国以北は斯馬國（漢音 sīmǎ 漢越音 Smarr）対馬から21

の郡(部落)があります。卑弥呼の一族は縄文期から続いていると考えますか、どこから卑弥呼はやって来たのでしょうか。残された資料は多くの様々なことを教えてくれています。それは幾年か過ぎ未来人に見てもらう弥生の人のメッセージかも知れません。

同じ亜細亜人でも少しこの部分の違いを見つけるのが古代史を探るヒントではないかと細かく注意し見ていきますと、中原の漢族が華夏族で中原を取り囲む周辺の国に対して同じレベルの文化を持っているにも関わらず、見下す文言が多く見受けられます。

日本書記には神夏磯媛は八握剣、八咫鏡(漢蒙音・Yata yamar ch Kagami)、八尺瓊を掲げて景行天皇を自ら迎えると記されていますが、遼東半島を駆け巡り夫余、鮮卑とも戦った八咫烏御印の高句麗は卑弥呼の故郷か調べを進めてみます。

八咫という言葉は播磨風土記の賀古郷にも出てきますので少し紹介します。なぜなら息長命が現れますから、とても重要な話で、この項目だけ写してみます。

賀古郡
望覧四方云、此土丘原野甚広大。而見丘如鹿児。故、
名曰賀古郡。狩之時、一鹿走登於此丘鳴。其声比々。故、号
曰岡。
此岡有比礼墓。子、伊波都比古命。所以号褶墓者、昔、
　　　　　坐紙大御津歯命
大帯日子命、
誂印南別孃。御佩刀之八咫剣之上結爾
八咫勾、下結爾麻布郡鏡繁。
時、賀毛郡山直等始祖、息
長命。為媒。而、誂下行之時、到摂津国高瀬之済、
一名伊志治
請欲度此河。度子、紀伊国人小玉、申曰、我為天皇贄人否。
爾時、勅云、朕公、雖然猶度。度子対曰、遂欲度者、宣賜
度賃。於是、即取為道行儲之弟縵、投入舟中、則縵光

明、炳然満舟。度子、得賃、乃度之。故、云朕君済。遂至赤
石郡廝御井、供進御食、故、曰廝御井。爾時、印南別嬢
聞而驚畏之。即遁度於南毘郡麻島。於是、天皇、乃至
賀古松原而覓訪之。於是、白犬、向海長吠。天皇問云、是誰犬乎。須
受武良首対曰、是別嬢所養之犬也。天皇勅云、好告哉。故、号告首。乃、
天皇知在於此少島、即欲度。至阿閇津、供進御食。故、阿閇村。又、捕
江魚、為御坏物。
故、号御坏江。又、乗舟之処、以楉作橳津、遂
度相遇。勅云、此島隠愛妻。爾仍号南毘郡麻。於是、御舟与別嬢舟同
編。合而掘杪狭伊志治。名号大中伊志治。
還到印南六継村、始成蜜事。故曰六継村。

　なぜ、賀古郡（加古郡）の事を播磨風土記から抜粋したのか、とても重要なことなので第十一章で詳しく述べたいと思います、それから播磨風土記でも漢の文章です。一例ですが「雖然猶度、漢音 Suīrányóudù」雖然は…ではあるけれども、猶は…と同じ、度は過ごす、暮らすです。別にも書き言葉では接続の文の初めに「雖然」を置くことがあります。これらは漢語の話です。
　漢から伝わった文章で、意味も漢から伝わった漢語の意味です。改めて日本の古文を漢語で訳すると今までの古代の読み方がいかにあやふやであることがわかるでしょう。7世紀に書かれた文書ですら、まだ漢語の影響があるということです。訓読み等で解釈するのは誤る可能性があるかもしれません。
　この時代の大陸から朝鮮半島の姿を調べます。倭から海を渡り朝鮮半島に進みますと、朝鮮半島の南端、西から馬韓、弁韓、辰韓が並びます。『後漢書』では三韓は昔の辰国だと記されています。辰韓の北は濊の国、また馬韓の北は漢の帯方郡、帯方郡の中央は現代のソウルです。北は楽浪郡で両方とも黄海に面していて西は東濊になります。東濊の北は東沃沮と西沃沮で朝鮮半島の北の国境です。

国境を越すと高句麗です。西に白頭山、東北に扶余（扶餘）、そして高句麗の西は遼東半島、遼東郡、北に遼河を挟んで遼西郡、西には匈奴に虐げられていた鮮卑が匈奴を破り鮮卑帝国とし、この地を治めます。

　中原では後漢から魏に変わります。万里の長城の北の民俗、トルコ系民族と言いますが、これは少し雑な表現だと感じています。鮮卑帝国の北はモンゴルです。西端から南に下がり三国志の国を外側に沿って南に月氏の国があります。

　中原を三国志の国や北方民族がお互い馬上の戦いに凌ぎを削った草原の民族は鮮卑、扶余、高句麗、高句麗の北に女真族、後の満州族ですが、匈奴、月氏とは似ていません。個性豊かな民族がひしめき戦いに明け暮れていました。中原の漢族も北方民族に長期的に度々侵略されて多くの影響を受けてきました。

　西暦169年に生まれ247年か248年に卑弥呼は亡くなったと言われています。定かではないのですが、生死の年代の記述が残るのは身分が高いことを表しています。卑弥呼が一人で倭国には来ることは考えられません。朝鮮半島を経由して多くの一族が渡ってきました。それは数千人以上の規模、いいえ多年に亘り万以上です。なぜそれほどの女性を中心とした人の移動があったのか、古代に記された記録も少なく推測と仮定の話しかできませんが、年代は鮮卑部族首領檀石槐が181年に亡くなり鮮卑帝国は分裂しますから年代的には合っていますが、鮮卑帝国時代の変換を詳しく書く作業は本文からかけ離れてしまいます。胡の人が鮮卑山と烏丸（漢音 Wūwán 倭音 Karasuma 漢蒙語 Karasuma 漢越音 Karasuma）山に分かれて暮らしていましたが、同族同士の主導権を奪う戦いになり鮮卑帝国は分裂します。と鮮卑が烏丸を追い詰め漢末に曹操が中原に進出しますが、その前に烏丸の熙と尚を曹操は攻撃します。烏丸は壊滅状況になり、その後中原に駒を進め曹操が魏を建国します。

　漢族、羌族、氐族、匈奴、鮮卑等で烏丸（烏垣）の名称はこの地区からは消えてしまいました。

烏丸山から戦火を逃れ卑弥呼と母君、それに多くの女性が倭に渡り女王国を創り大和朝廷が擁護し倭を纏めた。また卑弥呼の前の時代にも崇神天皇は漢の光武帝に朝貢していたので卑弥呼の奴国と邪馬壹国は別になります。この構図なら説明がつくでしょう。

私は多くの女性が朝鮮半島を渡り南の倭国に向かうことが物理的にできるのか大いに疑問より不安を抱えていました。しかし戦後に満州から故国の土を踏んだ藤原ていさんの小説『流れる星は生きている』(ここ、満州国に残された女性が苦難を乗りこえ故国に帰る物語です) 20世紀前に遠祖が通ったかも知れない道を再び経由し多くの女性が日本の土を踏むことに感動を覚えました。それだけではありません。日本に比べて緯度が高く気温も低い不毛の地である満州に遠祖の血が教えたのではないかと思い遠祖の故郷を建国する壮大な夢を教えてくれました。

では母君を探してみましょう。鮮卑帝国を鬼道（漢音 guǐdào、倭音 Kitō、漢蒙音 Kido）で治めた檀石槐（漢音 D/tánshíhuái 漢蒙音 Dan chuluun Sophora 倭音 Dan setkai）の跡を継ぐ和連は才能と能力は彼の父親に及ばず、そのうえ財好色をむさぼって後々北地に侵攻するというときに北地部族に撃たれて亡くなります。漢霊帝光和4年（西暦181年）の出来事です。年代から卑弥呼の母君が和連の后一人としてなら一番近いポジションにいると思いますが資料がありません。

他には卑弥呼と同年代に活躍し拓跋力微（174～277年）の妃である248年に去世された鮮卑族の神元皇后がおられます。魏事、巻13・列伝第一の神元皇后で答えを出すのは疑問が出てきました。

豊後国風土記の日田郡に久津媛という神様がいると書かれています
（注釈：一部を日本語の発音の替わりに中国語の発音ピンインを入れてみました）。

日田郡…昔者、纏向日代宮御宇大足彦天皇、征伐球磨贈於。凱旋之時、

発築後国生葉行宮、幸於此郷、有神。名曰久津媛。化而為人参迎、弁申国（弁韓、辰（申）韓）消息。因斯、曰久津媛之郷。今謂日田郷者、訛也。

　球磨贈（漢音 qiúmózèng）は中国読みからもクマソです。汉（漢）民族でしょうか？
　熊襲（漢越音 Kumaso）の経歴を辿ってみますが、古代に関しては英国も関心を持っていますので、熊 xiong はピンインと古代英語の発音は同じです。
　このことは漢字の発音をアルファベットで記すか、漢字の意味を漢字の読みから理解するかの違いです。xiongnu Khanate が遊牧民族匈奴です。南は Han Dynasty 東汉（漢）です。では倭、本州の都は kyusyu の saitobara　宮崎県西都原、中国地方は Kibi 吉備です。北に上がり中国山脈を越すと Izumo 出雲で、近畿は Yamato です。
　Nobi は横浜の佐世保市野比で、西都原と野比は照葉樹林帯です。照葉樹林帯は焼畑農業と関連された話がありますが話をそらさず進めます。北陸能登半島の付け根の西、kinai、アイヌ語で葦、橋を表しています。奥州は Ainu と称しています。この当時、この地は都です。あくまで英国で研究された記述ですので参考です。
　熊襲の文字と球磨贈の文字のどちらが先でしょうか。悩ましいのが有熊国です。Old China と称し地理的には台湾の西側、当時の漢（楚）の位置だと示されていますが、漢族も Old China も同じだと説明されている氏族だと言われています。時代がずれていますが百越の国も古漢族、胡越族とも言われています。
　では有熊国の話を進めます。Old China と言うからには紀元前に少典が現れてから国の形ができます。少典の御子が継いだ後は姫性に変わり、秦、漢の時代になると消えてしまい姫の姓も無くなります。無駄話ですが死と言う姓もありました。当然、早く歴史上から消えてしまいました。それは縄文後期と弥生時代に丁度、重なります、熊襲 xióng xi の意味は熊を襲名という意味です。襲は、おそう、とそのとおりに継承するとい

う意味が二通りありますので、襲名すると解釈します。余談になりますが熊野と言う言葉も同じ意味に書くこともありますから結論は出たようです。熊本の東は有明海ですが「有」の文字も関連しているかもしれません。

　百越から数年過ぎて建国された越南にも九真郡があります。地理的には熊の南ですから同じではないのかというのは短絡的ですから答えはわかりません。

　結論は縄文時代に熊を名乗る氏族の国が Old China に存在していたということです。熊（Xióng）も雄（Xióng）強く雄々しい人、強くて雄々しい国と言う意味です。

　別の見方をすれば縄文弥生期の先住民と後からの弥生期渡来人の戦いです。先住民にすればなぜ、後の渡来系に頭を下げねばならないのか、当然イエスとは言わないでしょう。

　いずれの国が該当しても位置的には朝鮮半島の北西に位置しますから倭に渡ることは、由来は別にして十分にありえます。

　弁申国は朝鮮半島の弁振の弁振半路国とか十二の国と言うより部落、集落の形態をなしていたはずです。

　ここから読み取れるのは、風土記の久津媛は漢と北の民俗や朝鮮半島の情勢を熟知し、渡来した後に大陸の状況の話、我が出身の中原の一族の話が景行天皇にできて渡りあえる身分の高い女性です。景行天皇は他の天皇に比べて巡行が多く、光武帝と同じく外戚も異常と言えるほど多く、これらは他の歴代の天皇に比べ突出しています。漢の国情を知ればこそ大いに景行天皇は国を治めるのに秦漢の政策を参考にしたと考えられます。久津媛は何等の関係があったのでしょう。後の人に神として親子とも祭られます。祭神の仕来りがわかればより説明が確かになるのですが、これで卑弥呼の母君ではないかという根拠にはなると疑わしくなります。卑弥呼の母君の年代がわかれば後漢に鮮卑、胡を探すことができますが、卑弥呼が誰に我が出自を教えたのでしょうか。卑弥呼と会っ

た人物は誰でしょうか。それとも朝貢の使者が後漢や魏に伝えたのでしょうか。卑弥呼は故郷に戻ったのでしょうか。臺与が朝貢の使者に報告させたのでしょうか。

西暦169年～247年が卑弥呼の年代とすれば、この年代の高句麗王朝の王の在位を西暦の年代で新大王が165～179年まで、故国川王179～197年、そして山上397～227年で東川王227～248年です。中川王は248～270につきましたが、この時代の王位継承は必ず戦いが伴います。戦いに関わった一族のなかには故郷を捨てねばならない一族も多くいたはずです。そのなかの一族が倭に渡来したと仮定します。事前にヤマトに服従するというより、庇護を願う、それとも力ずくで倭に渡来すると二つのことを考えてみます。

ヤマトに服従するということになれば、高句麗や胡国（粛慎、挹婁、勿吉、靺鞨、渤海、女真）の民族を受け入れてヤマトの伝統大王（景行天皇）と話ができる人物が登場します。この時代に君臨した息長命、伊志治（息長宿禰）漢蒙音 I Siji、漢越音 Yi Siji、中国語読みの伊志治から倭音では Ishiji もその一人かも知れません。その卑弥呼や烏垣、鮮卑の一族が倭に渡来しヤマト朝廷の指示に従って国創りをします。倭で居住地と農耕面積が一番大きな女の王国が郡（佐賀ですが当時の地名は不明）になります。大倭朝廷は全て受け入れますが、服従すれば加護を、敵対すれば相手を壊滅する道を選びました。

既に景行天皇は鮮卑族の国を治める鬼道も理解していたはずです。推測です。まだ全てを統治していない倭に戦乱を逃れ鮮卑、もしくは烏垣の婦人と童子が多数渡来します。故に景行天皇は卑弥呼を立て、倭に渡来した多くの女性を、既に越からの多くが主に稲作を行う開墾途上の国（奴国、佐賀）に受け入れます。景行天皇は光武帝の政治手法と全く同じで良く似ています。お互い何らかの伝達はあったかも知れず余りにも国の治め方が似ています。その後の外戚による統治や戦乱も全く同じです。中原の戦乱と倭国の戦乱が余りにも似すぎて驚きます。崇神天皇の光武帝に対する朝貢、それに卑弥呼の朝貢と漢の光武帝の影響はあった

でしょうか。しかし時代を検証すれば崇神天皇は光武帝の時代です。卑弥呼の時代は漢末で、魏の支配地で治めているのは明帝叡で、魏から授かった金印の文面は漢委奴国王です。明帝叡の実権は母である文郭皇后で劉夫人の次男袁熙の元妻で曹丕の后です。文郭（本名甄宓）夫人は漢の皇族です。その子になる曹叡も漢明帝と名乗れます。金印の文面が漢委奴国印の説明ができましたが、卑弥呼は文夫人の姑です。奴として文夫人は袁家から出され、それから幾年か過ぎ、文夫人は卑弥呼に貴女が奴だと伝えています。

　山岳民族に近い高句麗や匈奴の大切な施設、もしくは住まいは山を掘り半洞窟の姿とも言われていますが、弥生人は土蜘蛛（漢語 Tǔzhīzhū 漢越語 Tsuchigumo　漢蒙音 Tsuchigumo）と呼んでいたかもしれません。クモでも南九州はコブと言っていました。夜の蜘蛛を引っ掛け喜ぶと表現しています。方言や言葉の違いは有り考え方も違っていました。中国語では九州と言えば中国全土を指します。
　北九州と南九州とは違いますが九州（漢越音 Kyushu 漢音 jiŭzhōu）は越国語です。参考にする資料は少なく中国の歴史から推測しています。弥生期はアジア大陸でも後漢から魏になり万里の長城の北で、秦の時代から戦いが絶えません。時の流れと共に倭に影響を及ぼします。静かな縄文期から遺跡を見れば弥生期はあわただしくなってきました。急激に生活必需品や武器等の土器や金属が変化していきます。
　それも僅か数百年で変化するのは只ならぬことです。見方を変えればそれだけ多くの人が渡ってきました。異論もありますが後世に正論が出るでしょう。
　同族同士の争いに異族間の争い、倭人との争いなど様々な戦いがありました。これが大きな概略だと考えて一筋の道をつけます。草原で起こった事件は倭でも当然のこと、大倭朝廷は服従すれば加護し反逆者が建国すれば征服する、外部の侵入者を防御する戦いです。
　高句麗は朝鮮半島の北にあり満族（高句麗）の勢力は漢字、漢文、満

漢語が通じると各地に勢力が広がります。特に歌は大好きな民族と言われて得意でもあったと多くの史記に残されています。東の扶余の倭人では無いかと言われている徐豊璋は慈王の御子豊璋で北の女真東族です。東には匈奴に虐げられていた鮮卑族の居住地があります。その後に鮮卑が匈奴を破り鮮卑帝国となり勢力を誇ります。

　豊後国風土記の速見郡に「土蜘蛛二人住之。其名曰青、白。」の一文言があります。その名を青、白と言い、青、白の名前が単純すぎて見過ごしますが、『三国志』の英雄記に「曰：使持段大将軍督幽、幽州、青州、並領冀州牧阮郷侯紹、承製詔遼東属國率衆王頒下」の文章のなかに幽と青大将軍が出てきます。白は鮮卑慕容の白ですが、姓ではなく鮮卑や漢が黄色に対し白と言っていますし、資料によっては「赤髭碧眼」と言う表現も見られます。少し白のイメージが出てきました。幽州、青州も烏丸山の民族です。無理をしません。余りこじつける必要も無く一例にすぎません。

　もう一つの訳は卑弥呼が高句麗人では無いと否定します。それは鬼道（鬼道教民）で惑わすと有名な一文です。惑わすが先走りして妖術の印象がありますが間違っています。

　高句麗の祭神は鬼神を祭り、霊星や社稷、大地神と五穀の神を崇めます。魏志には性格は荒く物を奪うことを第一にすると言われていますから、鬼道とは明らかに異なっています。相手から物を奪うのが高句麗族の喜びだというのは漢、魏からの見た目ですが、明らかに高句麗を見下しています。

　大地の神と五穀の神と言いますと原始宗教のあらゆる生を受けたものに神々が宿っている八百万神です。大和から神道に変節をなし現代まで変わらず続いている。この国の民は空気に似て感動を忘れているが現世界の国ではありえないことなのです。仏教を見てみますと我が国に入ってきてから、それから進化すれども廃れることはない。これもありえないことで延々と歴史が続く大和民族の普遍性には驚かされます。

　蒙古高原を舞台にしていた遊牧民族の匈奴に苦しめられていた胡から

変革した鮮卑が台頭してきます。鮮卑も漢も匈奴に朝貢していましたが、鮮卑は貢物が不足すれば、諸説はありますが奴（生口）を含めて物だけでなく人を匈奴に貢物として朝貢を行っていました。

　この話は重要です。なぜなら卑弥呼が漢に朝貢した貢物に奴（生口）が含まれています。倭に来てからも卑弥呼は鮮卑族と同じ行動を重ねています。鬼道といい朝貢の不足を人で補うのは卑弥呼が鮮卑族、烏垣族の高官に嫁いだ母親の娘と考えても良いかも知れませんがまだ結論は先です。魏晋南北朝期は中国に於いて鮮卑は最大の遊牧民族ですが、絶えず戦って部族が入り混じっています。多くの民族が関わる短絡的な話ほど、複雑な民族を理解する視野が狭く感じます。
　匈奴に虐げられていた鮮卑部族に首領檀石槐が出現します。長年に渡り匈奴に虐げられていた匈奴を檀石槐が滅ぼし北方に鮮卑帝国を創り上げます。檀石槐の出生日期は西暦137年から逝世日期が西暦181年です。若くして45歳で亡くなり、この後に軻比能 kēbǐnéng（？～235年）が後継者になりますが、烏丸の幽州を破った曹操の後に魏の幽州刺史の王雄の韓龍によって軻比能は暗殺されます。先に跡を継ぐ和連と言いましたが、史記により姓名の違いが出るのはやむをえません。東胡から鮮卑になり檀石槐出現前の状況の鮮卑は烏垣と内乱になり鮮卑は分裂します。戦争で相手を倒しても国を統治するのは難しいことは歴代に支配者が腐心している重要なことです。まず檀石槐はこの新しく統治した鮮卑族国家に鬼道を布教することによって支配、統治をします。この一帯の農民は別称、鬼道教民と呼ばれています。
　ここで卑弥呼の出生日期、西暦169年から逝世日期が西暦247か248年になります。出生日期が檀石槐と卑弥呼では32年差しかありません。母君の年代と檀石槐が活躍した年代と重複しますから、母君と卑弥呼が倭に渡る年代も調べねばなりません。
　この時代のアジア東北部の戦乱が倭に影響をもたらしたと解釈すれば説明がつくと考えました。烏垣、鮮卑の民が本州島の大倭の伝統大王に

服従し、他の渡来系や既に渡来した古漢族の胡や越、高句麗そのほかの人々、倭人も含め多様な人が生存をかけて戦いました。扶余は朝鮮半島から南下せずに半島に留まりますが扶余は半地下式の住居を住いとしますと土蜘蛛の話が風土記から読み取れます。倭に来ていたかも知れません。女真は満州族として中原に進出し倭に渡来する記録はありませんが、細かく言えば、それなりの系統の一部は渡来していると考えるのが正しくないでしょうか。とにかく、複雑で弥生期は変革の時代であったことは間違いありません。余りにも遺跡等を参考にすれば縄文期から急激に変換しています。

　ここまでの説明で卑弥呼は景行天皇、纏向日代宮御宇大足彦天皇と同世代でなくてはなりません。一つでも間違えば全てを否定しますから重要です。史記によると景行天皇元年は西暦71年、干支から西暦130年、庚午ですが卑弥呼の年代二世代、合わなくなりますがここでは正確な出自を求めるのは難しく拘るほどの事はありません。二世代を挿入することができれば解決することができます。
　『後漢書』の一文に「光武賜以印綬安帝永初元年倭國王師升等」とあります。ここから調べてみると倭國王師升は（漢音 shīshēng　漢蒙音 Shimasu）崇神天皇（漢音 Suìshén、Sūjìn）、次に垂仁天皇（漢音 Chuírén 漢蒙音 Shidejin）です。又、安帝永初元年は西暦100年です。
　中国で書かれた『後漢書』は漢の語で発音します。発声すれば似ていますが無理にこじ付け無くて例え違っていても、景行天皇の前に一世代が入れば卑弥呼と景行天皇は年こそ離れても同時代に活躍したことを証明できます。それに景行天皇の二代前は崇神天皇、次は垂仁天皇に間違いありません。大切なのは倭國王師升、崇神天皇が光武帝を107年に訪ねたことですが、卑弥呼の前に朝貢したのにも関わらず崇神天皇の前に多くの倭国の大王と名乗る人物が朝貢を行っていると古史に記載していますから、漢は既に崇神天皇（祟は文字が似ていますが意味は違います）を大倭の王と認めています。また、崇神天皇が朝貢を行うのも亜細亜の

情勢を十分に熟知して認識していることの証明となります。

任那。任那去筑紫二千餘里、北阻海（北の海が阻む）、在雞（雞は鶏のこと）林（雞林は森と林）西南。崇神帝六十五年（紀元前三十三年）秋，其國使蘇那曷叱智等朝貢。或言其人額有角，始至越國笥飯浦（漢越音 Keinoura），因名其所曰角鹿（漢越音 Tsunuga：敦賀）。土人問（埴輪）曰：「何國人也？」對曰：「意富加羅國（任那国の元名古い韓国語）王之子、名都怒我（倭音：つるが）呵羅斯（倭語：荒木）等，又名于斯岐阿利叱智千岐（倭語から漢音 Yoshi Atsushi Otsuki Chiki）。

大日本史から抜粋してみました。また崇神天皇が年代はさておき朝鮮半島の任那から朝貢があったと、それも崇神天皇の話が「魏書」にも日本史にも記載されているのは重要なことです。崇神帝の朝貢と卑弥呼の朝貢は同じでしょうか。任那は大倭が建立したと云われていますが元々同じ出身地で同じ民族と捉えます。カブトに角がある其人が穴門から出雲経由で越國の笥飯浦に到着しています。いずれも古代史には欠かせない地名です。卑弥呼と崇神天皇の違いは卑弥呼が倭（北九州）の女王です。崇神天皇は越国からの統治者です。大和に移って磯城郡の磯城瑞籬宮が居城で大和政権の基礎を創ったと言われています。漢に大使・卑弥呼と崇神天皇の朝貢は明らかに違いますから検証する価値はあります。

縄文人は他に国があるなど考えていません。紀元初年の朝貢の風習こそが多くの弥生期に渡来人が倭国、本州島に入国した証なのです。縄文人が急激に増えて弥生期の日本を形成したわけではありません。

少し雑な年代の計算をしましょう。崇神天皇（漢音 Sūjin、神を礼拝する）が光武帝を 107 年に訪ねられた。

崇神天皇、紀元前 97 年〜20 年＝117 年、垂仁天皇、紀元前 29 年〜70 年＝99 年、景行天皇、71 年〜120 年＝49 年（皇統譜に基づく）とすれば崇神天皇が光武帝を訪ねられた年代が合わなくなります。卑弥呼の

200年代に活躍した天皇は景行天皇ですから年代が近くなくて辻褄が合いません。いくらか年代を加算しなければなりません。

　史記には垂仁天皇が紀元前29年から70年まで在位されたと記されています。これでは99歳まで長生し在位されたことになりますが、これには首をかしげます。景行天皇は71年から130年と記載されていますので参考にしましたが、少し疑問を感じます。垂仁天皇の99歳は長期にわたります。これは景行天皇まで空白期間があった、もしくはその儘で政権を周りの者が運営していた等と様々なことが考えられます。
　なぜ日本の史記の年代を使わないのか。7世紀にできた史記は5世紀前の物語です。編纂者が全てを正確に語れるわけではありません。
　なぜ、中原の史記が正しいのか。司馬遷は始皇帝にただ一人真実を貫き宮刑を受けても獄中でありのまま正しく史記を残しました。中華の史家、作家は真実を後世に伝える。これが中華の史が信用される所以なのです。
　卑弥呼が民を治めるのに鮮卑の檀石槐が民を治める方法に習い鬼道で民を惑わす。むしろ説教に近いと解釈します。鬼道は六道や鬼神と似たようなものだと言われていますが、六道は後に表れる法華経に多大な影響を及ぼします。地上の三道は地獄道、畜生道、餓鬼道です。
　それに天空夜叉三道の自然災害を加え、また、六道を三悪道と三善道は人道、阿修羅道、天道で、他の宗派にも大きな影響を及ばしています。
　鬼道が民に教えるのは、母親の胎内で新たな生が芽生えたら直ちに母親の食を奪います。体内の子と母親は別の人格者です。外に出ても母親の食（母乳）を奪い我が生きる為に生あるものを食し、我が身を満たさなければ同じ人でも襲い食を奪う。いずれこのままでは人は滅びる、故に自戒せよ。人とは鬼だと教えています。他に諸説ありますが多くの経典に記されています。その教えも大切ですがそれより檀石槐が鬼道で鮮卑の国を治めた話が重要です。もし檀石槐が45歳で没していなければ中国の歴史は大きく変わっていました。

卑弥呼は鮮卑族の影響を受けていますがそれよりも鮮卑の貴族、もしくは媛の御子です。母君は宗家の出自で父君は胡人（鮮卑、烏垣、胡含む）ではないかと思います。この時代に鬼道は鮮卑帝国で隅々まで広められました。漢は鬼神中の鬼道ということで鬼神と鬼道を紹介しますが、漢は仏教ですから外夷の宗教には興味がありません。

　鬼神　鬼指六道中的鬼道、餓鬼、有虚怯多畏及令他畏怖其威之性；神抜天龍八部的通称、或謂即鬼中的多財鬼、以有能力抜性。（法華文句）巻六謂其「大力者能移山填海、小力者能隠顯変化」。（長阿含経）巻二十謂「一切人民所居舎宅、皆有鬼神」、「凡諸鬼神、皆随所依即似抜名、依人名人、依村名村」「一切樹木扱小如東軸者、皆有鬼神依止」、「一切男子女子、初始生時、皆有鬼神随逐擁護、若其死時、彼守護鬼摂其精気、其人則死」。

　前漢（紀元前206～8）と後漢（25～220年）を合わせ漢王朝と言います。東漢は史記によって扱いが違いますが倭に影響を与えたのは主に東漢です。鮮卑に地理的に近い、それだけではなく、後漢の地より東に離れ鮮卑の地と多彩な胡人の地に囲まれていますが鮮卑帝国を治めた檀石槐が45歳で亡くならなければ中原の漢の後は鮮卑帝国になったでしょう。
　この時代は大陸では色々な部族が入り混じり、その中に分裂した烏垣、鮮卑の民が倭国、本州に渡来しましたが、日本の史記には一切、烏垣、鮮卑の渡来は載っていません。但し卑弥呼の愛女人有のみです。
　なぜ？
　この時代の倭に烏垣（鮮卑と同じ民族）から戦火を逃れ避難してきた渡来人を邪馬台国の朝廷は保護しています。と同時にこの時の多くの渡来人を入植者として使っています。既に九州には古越から来た多くの人が住んでいます。艚舺、是越人の水戦船（白水郎の船）で渡来しています。又この船の別称を烏船と言いますが古史に記されている「天の鳥船」を連想させます。

初期の弥生渡来者は倭の縄文人と戦って征服しないのか、既に大きく動く弥生期前にも渡来人は来ていたはずです。山海経でも倭という文字が見られます、言葉が通じなくても発生音が似て雰囲気も似ており宗教は古代宗教で神の存在があるので戦いません。しかし様々な民族が定着すると争いが起こります。当然、漢と同和政策を受け入れている烏垣、鮮卑は漢民族と朝廷に仕えます。新しい文化を取り入れる朝廷には願ってもないことです。しかし、烏垣、鮮卑の一部の渡来者を朝廷は官史の下の位を授けています。時期はわかりませんが、官史の位が低いのは大倭に渡来人が従ったことを表しています。

　卑弥呼の時代は後漢ですが、前漢の崩壊後に皇族外の地方豪族の光武帝が後漢を治めます。話は簡単ですが重要な部分です。なぜなら景行天皇の政策と同じだからです。

　しかしながら寄り合い所帯のため、地方豪族と姻戚関係を結びその後に外戚が台頭すると、国が乱れて三国志の時代に入ります。この時代の景行天皇も光武帝と同じ地方豪族と姻戚を創り治める手法は全く同じですが、このように似てくると、かなり以前から漢の情報は誰かによって倭に伝わっていたと考えるのが普通です。景行天皇の后と妃は初めに播磨稲日大郎媛、御子は小碓皇子武健、次に大碓尊、仲哀天皇のあとは稚根子命、大碓皇子と小碓尊は双子です。武健の御子が仲哀天皇ではありません。この箇所の整理ができていなければ正しく話が繋がりません。次の后は八坂入媛命、その次から多くの妃を娶り、八十一の皇子ができたと記載されています。

　大事な箇所なので先代旧事紀から一部抜粋します。

二年二月播磨稲日太郎姫ヲ立爲_二_皇后_一_ト誕_二_生三男_一_ 弟_一_大_雄_命次小_碓_命次稚_根子_命矣

其ノ一_二_皇子曰_二_同_腹_雙_生_天皇異_レ_之則詰_二_於碓_一_故_曰_二_大碓小碓_尊_幼有_二_雄畧之気_一_及_レ_壯容_貌魁_律身_長一丈力_能松

鼎焉

　ここ小碓までの文章の中に重要なことが記されています。書かれていることを説明しますと、播磨稲日太郎姫の御子は最初に大碓の御子です。次は小碓の御子、次は稚根子命ですが、大碓命と小碓命は双子で生れたということを景行天皇が怪しんだと記されています。双子なら似ていますが似ていなかったのでしょう。明らかに景行天皇は知らないはずはありません。全てを理解し次の世まで考えています。

　大碓は成人名、仲哀天皇、小碓は倭武、健、ヤマトタケルの幼名です。生涯独身で通したといわれた卑弥呼には御子が二人いて、その一人がヤマトタケル命です。この物語の主役は息長命、姓は伊志で名は治です。鮮卑の姓は二文字ですがそれに比べ漢の姓は一文字です。少し、いたずらをします。鮮卑族の姓を少し紹介しましょう。大野、若干、丘林、伊婁、伊楼、宿六、宿六斤等です。しかし一文字の姓もあります。又姓の無い人もいますが二文字以上が主です。伊志治も卑弥呼に近いはず。なぜ、伊志治が卑弥呼の御子を印南別媛に預けることができたのか。伊志治は仮説ですが烏垣、鮮卑、漢と交易（交流）を握っていた実力者、政権に影響力を及ぼす大力者ではなかったかと考えています。

　伊志治の伊志の二文字の姓は現代でも漢族として千数百年、続いています。そして北から南に、南は琉球王国に伊志の姓があります。より南に下がれば真臘（カンボジア）にも伊志治の別姓で伊奢沙和気の姓があります。それも古代王族の姓です。

　フィクションなら卑弥呼と殆ど同じく倭に渡来し卑弥呼の味方か、それとも卑弥呼を利用したとすれば、いずれ卑弥呼一族は権力者から摩擦されるであろうと考え、卑弥呼を守り朝廷に重宝された野心家の人物像が浮かび上がります。

　その後、権力者が我が身内から出たのにもかかわらず、権力者から疎んじられて琉球に追放された、いや、活躍の場を移した、いや、事前に逃亡をしたと、ありふれた話に似てきましたが、意外とノンフィクショ

ンかもしれません。史記を複雑に解釈せず順和に解釈するのも大切なことです。古代人になって過去を探索すると新しい発見ができます。

　卑弥呼の姓、卑も蒙古汗族と鮮卑族で見受けられます。卑の姓を名乗る多くの人が歴史上に登場します。卑耳国人の后、また、鮮卑族の后です。
　汉（漢）の北平太守卑躬曲己（漢音 bēi gong qū jǐ）、後漢有北平太尉卑整、魏志では卑术、公孫度将、『三国志』では卑衍（？～238年）です。
　卑弥呼の母君の王（？）に関心がありますが、卑衍では卑弥呼と同じ年になります。ここから過去に遡ることはできません。このことがとても重要です。鮮卑は漢族と違いその時代の事を記録する習慣がありませんから、多分に弥生期後の編集された史記は資料として何もなかったことになり、神話で物語を記さなければならなかった日本書記、古事記の編纂者は大変な苦労があったと思われます。卑は姫の元の字ではないかと考えられています。20世紀前の話です。「魏書」の卑は日本読みの「ヒ」とは読みません。bēi/biなのです。漢字を適当に解釈するのも倭人の特徴です。その国で読む文字の読み方は一つもしくは二つですが、倭人は幾つもの読み方をします。なぜか邪馬台国に限っては「魏書」で「邪馬壹国」、『後漢書』では「邪馬臺国」と記載されていますが、いつの間にか邪馬台国です。「魏書」の『三国志』倭人伝の邪馬壹国（漢蒙音 Neg uls Yamatai、漢音は Xié mǎ yīguó）です。魏の言葉は漢蒙音に近いかも知れません。
　漢も幾つかの漢字は日本と同じ読み方をしますが、読みが先で漢字が後になります。幾通りにも読む漢字を分類すれば民族がわかるかも知れません。これを裏返せば漢字の読みの発声を聞けばどこから渡来したかわかりますが現実には難しいでしょう。
　姓が一文字は二文字以上より少なく、身分が低ければ姓は無く、また、姓のない民族は現代でも見受けられます。
　もっと悩ましい話があります拓跋力微（神元皇帝）の后の神元皇后竇氏（？～248年）ですが鮮卑が没落した時代の皇后です。没年が卑弥呼

と同じ兄弟も竇速侯、竇回題と二人います。卑弥呼（神夏磯媛）の後の皇后は神功皇后、その後は応神天皇と姓に神の字を使っています。神というのは、見えず形がない、纏める、創造者、という意味と古漢族に姓があります。神姓です。
　御子の時から卑弥呼は倭の人ではありません。成人して倭に来たと考えられます。没年から倭にはいなかったとも解釈できますが、臺与が朝貢していますから伝えることは可能です。
　重要なことは景行天皇と卑弥呼と伊志治が同世代で活躍していたことを年代によって証明することができれば、それなりに結論ができたと思いますし、第五章の歴史の文章に正しく流れていきます。

　中原の漢から魏、それに朝鮮半島の影響を、もし我が国が受けているなら二文字以上の姓は無かったでしょう。日常生活に使っている言葉も影響を受けていません。漢字で書かれた文章を読むときには漢字だからすべて日本の言葉で書かれているわけではありません。簡単な例を上げます。武士 wǔshì が外国語（中国語）で日本語では侍、さむらい（漢越語、音Самурай、Samurai）です、童謡 tóngyáo が外国語で日本語は童歌、わらべうた。少し御理解いただけたでしょうか。外国語も混じっています。日本語も漢字で表記されて逆輸出され史記を読めば散見します。
　ここで疑問です。なぜ、漢字なのでしょう。魏字、漢の前の秦字、呉、蜀、晋字？　その答えは、漢から鮮卑貴族に、東胡から、鮮卑貴族の前にも鮮卑に伝わり倭に伝わっています。誇り高き漢族が辺境の地にわざわざ漢字を教えることはありえません。漢字も先進文化です。わざわざ漢から東夷の倭に教える必要はありません。
　倭を整理しましょうか。倭の東にある大きな島を本洲と言います。なぜ「本」を持ってきたのかと言いますと、本の部首は木です。根は数多く埋もれていてわかりません。ここでは多くの国があるがわからないが一つに纏まっているので本の字を使ったのです。今でも本州と言います。日本州とは言いません。

近年でも地区が変われば言葉は通じる筈ですが、詳細まで通じません。却ってお互いが理解できていると思っているだけで誤解が生じます。相手に言葉が通じなければ手振り絵解きで認知を徹底しますので、伝達ならこの方法が正確でしょう。方言、訛る言葉は間違いを起こしやすく、それ故に古代の言葉に拘ると本質を見逃します。例は邪馬台国です。「魏書」には邪馬壹國 Xié mǎ yī と『後漢書』には大倭王居邪馬臺国 xiémǎtáiguó、この後に半文字で右側に安今名邪摩、そして左側に惟音之訛也と記されています。末尾は訛っていると言っています。外国語を正確に聞くことは至難の業、発声の形から違いますが、結論としてはヤマトとのことを語っています。

　少し伊志治を調べてみます。息長宿禰とも称されています。景行天皇に仕えたことは数々の歴史書で示す通りですが、詳しいことはわかっていません。息長命とも言われ、ならば王である可能性があります。播磨国風土記にこんな話が載っています。

飾磨郡。
韓室里。土中々。右、称韓室者、韓室首宝等上
祖、家大富饒、造韓室。故、号韓室。

　<ruby>韓室里<rt>からむろのさと</rt></ruby>。韓室里の里というのは、韓室首宝等の上の祖が富豪で賑わった故に韓室里と名付けました。韓室は韓風の宮殿かもしれませんが、漢、魏の影響を受けていたかも知れません。当時の事情を考えればそのまま素直に受け入れるわけにはいきません。

　では、この播磨の城の城主は伊志治では無いかと思われます。卑弥呼の女の御子、登与を伊志治が引取りこの城で育て、倭武も播磨の印南別媛に育てられました。播磨の国に兄妹が幼年期に暮らしたことになります。概要が見えてきました。

　漢族、宗家族の卑弥呼の母君が鮮卑、烏垣に嫁いだのか、漢は鮮卑貴族に漢貴族の女性を嫁がせるという政策をとっていました。匈奴も然り、

逆もありました。鮮卑貴族と漢貴族と結ばれた御子と漢貴族と結ばれれば鮮卑の血族は小さくなります。漢族を含め東胡人も純粋な民族はいるのでしょうか倭人も同じでその答えはありません。

纏めてみます。卑弥呼は神夏磯媛、早津媛で景行天皇に服従していた。鮮卑の檀石槐が鬼道を持って国を治める。卑弥呼も鬼道で国（女王国）を治める。それ故に卑弥呼は漢族の宗家族の母君と胡人（鮮卑、烏垣）の父君の御子であります。

御子のいないはずの卑弥呼に御子、武健、ヤマトタケルと登与（息長帯媛）がいました。

伊志治は景行天皇と印南姫と見合わせている実力者です。伊志治なら卑弥呼と景行天皇の間に生まれたタケルを印南姫に預けるのは難しいことではありません。

播磨の王である伊志治が倭健を印南媛に預けて大碓（仲哀天皇）と小碓（倭健）を双子の兄弟として育ててもらいました。倭健の妹君の登与は伊志治（息長宿禰）が引取り育てました。このことは景行天皇が知らないはずはありませんし隠し通せるものでもないのです。先を見据えて計画されたものでしょう。

卑弥呼になぜ、御子がいないと伝わったのか、景行天皇には史料の上で疑問が二つあります。一つはヤマトに先后が居ないこと。二つ目は倭人伝から卑弥呼を倭の女王で生涯独身であると言いながら記紀や風土記による行幸、討伐と卑弥呼を訪ねています。しかしそれらを記録から伺うことはできません。

古事記、日本書記はヤマトの先祖を伊弉諾（イザナギ）と伊弉冉（イザナミ）で表しています、6〜7世紀の編纂にもかかわらず空白が5世紀以上ありますがなぜでしょうか。それらは時の権力者の意向に沿って書かれたかもしれません。

漢は面子が高いが敵国と戦う実力は相応していません。匈奴に朝貢しながら、漢は他の胡国には朝貢を促しています。辺地の弱小国の倭は卑弥呼と崇仁天王が朝貢しています。垂仁天皇の前にも倭の大王は朝貢を

繰り返していますが、倭人伝には無視されたと記載されています。

　倭から朝貢をしていた大王がいる、大和朝廷の存在を示すことになりますが、しかし卑弥呼は別格です。なぜでしょう。

　漢の光文帝は鮮卑に対して同和政策をとっています。鮮卑貴族が鮮卑の服を着用することを禁じ漢民族と同じ服を着ること、鮮卑貴族が漢語を話し鮮卑語を使わない、また、朝廷官史は漢民族の言葉を使え、朝廷官史の家族は漢民族の服を着る、鮮卑族の胡姓を漢民族の漢姓に変え、なお、北魏皇室の姓の拓跋を元に変える、鮮卑貴族と漢民族貴族と婚姻関係を良好に、漢民族王朝の律令と官僚制度で国を動かす、漢民族の礼法を学び儒学を学ぶ、洛陽に移住した鮮卑族は落葉が原籍として落葉の近辺で埋葬されるだろう……など。

　よく漢が鮮卑に言えたものです。匈奴と度々戦いながら絶えず匈奴の侵攻に怯えていた漢です。鮮卑が匈奴を滅ぼすとこの態度に出ますが、しかし鮮卑族は憧れのような未知の国に対し新鮮な雰囲気を受け取ったのでしょうか。新しい文化には興味があったのでしょうか。簡単に何も考えもせずに異文化である漢の文化を取り入れます。

　物語は、もっと単純です。倭に渡来した鮮卑貴族の後継者が日本の史記を書いています。大同（敦煌）鮮卑貴族は漢や魏のように歴史を書き留める風習、習慣がなくこの全てのDNAは現代にも受け継がれています。過ごしてきた記憶の出来事は何も残っていないので、やむをえず、編纂者は自然現象を観察して書き留めてみました。

　漢字が渡来したときは漢字だけでなく意味も含みます。当たり前のことです。記紀に当て嵌めて漢語で読みますが発音は日本語です。

　記紀から簡単な倭語と漢語の違いの例を挙げてみます。伊邪那岐（伊坐凪）の伊は文字として姓を表し、又見えない何かを表現する時に使います。伊が凪に坐（動く物に乗る、初期の漢葉は漢語で表現している）する、伊が波の坐する、伊邪那岐神社はありますが伊弉冉神社はありません。和（なごむ）を加えて伊弉冉和神社はあります。鳴門の渦潮の現象と日本海の竜巻（天の鳥舟）を上手く使って捉えています。登り潮に下り潮

を絡ませ物語を作っています。そこに天の鳥舟に乗って（上手な表現です。現代なら飛行機です）、竜巻に乗って二神が国作りに来ます。

坐は倭語では座（すわる）です。漢語では坐は動く物に座る。少しの事ですが意味が違います。さて序に、一つだけわかりにくい話があります。記紀には淡島と蛭子は国には容れぬと淡島は鳴門の渦潮ですが蛭子はわかりにくいでしょう。なぜ、蛭子は国に入れなかったのでしょうか。この物語に隠された天皇はここにも歴史があります。

少し注意をしますと記紀には初めに沼島を創りますと記されていますが、鳴門の渦潮にしろ、初めにできた沼島も瀬戸内海を渡る船には見ることができません。是故に7世紀の話ですが瀬戸内海を横断する航路はありません。

次の話に進めます。卑弥呼に「須佐の王」と言われた弟がいました。先代旧事本紀から抜粋しますと素戔烏尊が八岐大蛇を退治して奇稲田姫を求める箇所から進めます。

素戔烏尊詔_老_夫_曰是汝之娘ハ（右）者奉ﾚ吾之耶對曰恐矣亦不ﾚ覺_御名_矣素戔烏尊（僔の右のみ）詔ﾃ曰吾者天照大神之弟也今自天降焉答曰隋　勅矣秦請先殺_彼蛇一然後幸者爲宣也。

旧事紀の一部の文章を見たときは驚きました、大蛇退治の一文書ですが、私が見直したのは素戔烏尊の文字です。

説明しますと、素はsùと発音します。白の、無地のとか、もとの、本来の、と言う意味です。戔は漢音でjiānと発音します。小さなもの、微小と言う意味ですが烏はwūと発音します。日本語読みではカラスです。

胡の人が匈奴に攻め入られ鮮卑山に向かいますが、鮮卑山と言っても日本の国土に匹敵する大きさですから日本の山々とは違います。この民族を鮮卑と言います。鮮卑山の南に位地する烏丸山に向かった胡の人を烏垣族と言います。呼び方は違っても同じ民族で後に鮮卑の勢力が拡大

すると鮮卑帝国になっていきます。

　なぜか烏丸と太秦の地名は京都に残っています。烏丸（倭音 Karasuma、漢蒙音 Karasuma、漢越音 Karasuma）太秦（倭音 Uzumasa、漢蒙語 Uzumasa、漢越語 Uzumasa）素戔烏尊は烏垣の一人だと記しています。なぜ、日本語ではなく漢、魏の言葉なのかと思われるでしょうが漢字を使えるのは鮮卑の末裔者だからです。卑弥呼の弟と称される素戔烏尊は姉弟と記されています。倭人伝では烏越等詣郡と記され烏垣でなく烏と略されています。古代の書物でも烏垣でなく烏と称しています。

　一度整理しますと卑弥呼の母君は華夏族宗家の女性で烏丸山の首領に嫁ぎ夏子の卑弥呼と素戔烏尊を連れて多くの人たちと烏丸山から倭に渡来しましたそれは女性を中心とした集団です。

　卑弥呼は倭国でどこに宮殿を構えていたのでしょうか？
　倭人伝では魏使は壱岐、対馬を経由し松浦（唐津、松浦川）から伊都を経由し奴国（漢音 Núguó 倭音 Nakoku）に入ります。別の角度から検証してみます。東南奴国から東不弥国（福 Fú 州）を経て邪馬壹国に船で行く湊です。記載されていませんが今の福岡博多湾（宮浦）近辺でしょう。松浦が国際線なら宮浦は国内線と考えられます。

　伊都国から海部宮浦の線上に奴国があります。奴国は２万戸余と記されていますから他の国、集落に比べ大集落です。雑な計算ですが一戸当たり４〜６人住んでいると計算すれば１０万人以上の人が暮らし、これだけの人が暮らすには川と広い平野が無ければなりません。佐嘉郡を流れる佐嘉川（筑後川）の周りは倭国では一番大きい広い筑紫平野で有明海に流れています。有明海の有は有熊の有です。

　ここなら十分に暮らせます。奴国の奴（Nú、女 Nǘ）は直訳すれば奴隷（生口）、奴婢ですが、戦争で勝った国が占領した国の民を厳しい条件で下働きや耕作の手伝いに使い、投降した兵士は前戦で使います。

　古文書には奴や兵士には刺青を入れる風習があると記載しています。刺青の入った婦人も混じり、多くの婦人、童子が奴国に渡来し、新しい

暮らしを始めます。なぜ、奴国は女の王国と称されたのか、男子は少なく２〜５人の多くの婦人と暮らしますが、妻子以外の婦人となれば当然使用人、働き手になります。しかし、これも一世代で代が変わると刺青はしません。新天地に折角来て姓のあるものは姓を変え新しく生まれ変わります。

しかし別の考えもあります。もし名前がわかれば命を狙われたはずです。

九州の地図を見ると筑後川を挟んだ平原が奴国（筑紫平野）です。その中心を北上すると神々の山と人の暮らす平野の間に里があります。ここに卑弥呼の宮殿があります。今の吉野ノ里遺跡です。

地図を見れば吉野の里宮殿の眼下に卑弥呼の女の王国が広がり平野で多くの働く人の暮らしが見えてきました。

卑弥呼が治める奴国は纏向の景行天皇に多数の戦火を逃れてきた女性の擁護を願い、漢、魏にも朝貢して関係を維持し先住の胡越の人に同化していきます。卑弥呼がいかに難しいかじ取りをしたのか、その手腕の素晴らしさに皆が命を預けたでしょう。

後年発見された志賀島の金印の出来事こそ、卑弥呼の厳しくも置かれた立場を物語っています。志賀島に隠さなければならなかった金印の運命です。それも漢奴国云々は郭女王から授けられる経緯を振りかえれば卑弥呼の心中を思えばどんなに悔しかったでしょうか。奴国と詰められ金印を拝受する悔しさは心が張り裂け、表す言葉も無かったでしょう。

ここまでは鬼道と占いを使う卑弥呼の姉と素戔嗚尊の弟と説明ができるのは卑弥呼が鮮卑族の出身者と決めて話を進めてきました。中国の話で「日本人は鮮卑の子孫だ」という一説があります。それは発声、普段使う言葉、物の動作の共通点が日本人と同じだと言われる話に関心を示し頷きましたが、これだけでは卑弥呼も素戔嗚、尊も烏垣の人であると説明できません。

意外な所で見つけ逆算して調べました。倭人伝の項です。「烏越等詣郡説相攻撃状」卑弥呼が狗奴国に相攻撃の話を烏丸郡、古越郡に説明を

したと記されています。卑弥呼は鮮卑の人から烏垣（烏丸山）の人でした。遡ります。胡から鮮卑になり終わりは烏垣の人です。

　匈奴に攻められた東胡が分かれて鮮卑山に退去したのが鮮卑族で、烏丸山にて退去したのが烏垣です。後合併し匈奴を倒し鮮卑帝国を建国し後、分裂し主導権争いで戦います。東漢の末年、遼東、遼西地等の烏桓は多くの自称王が乱れ闘います。

　では卑弥呼はどこから、誰なのか、という話をします。
　紀元前206年、秦が滅びた漢の初めのころ、匈奴王冒頓が東胡人を攻め東胡人は北の鮮卑山と南の烏桓山（現大興安嶺中部東西罕山）に又は南下し散ります。鮮卑山は鮮卑族で烏丸山は烏垣族と称されます、匈奴と絶えず戦ったその後、同じ民族の鮮卑と烏垣の連合軍で匈奴を倒し主導権争いで又鮮卑と烏垣に分かれ、46年に烏垣に内乱が起こり、その隙に匈奴に攻められて烏垣は南に散っていきます。
　首領檀石槐が鮮卑帝国を建国しますが檀石槐が亡き後に主導権争いで又鮮卑と烏垣に分かれます。190年に遼西烏垣を蹋頓が統一し各部落を纏めます。200年に蹋頓の後を継ぎますが袁紹は200年に官渡の戦いで敗れて202年に袁紹は病で亡くなっています。
　袁紹が亡くなると継承問題が起こり長子袁譚と三男の袁尚が争います。理由は長子袁譚が当然、後を継が無ければなりません。御子なのです。この後継者の首領争いに乗じて南に位置する曹操は軍を北に進軍します。目指すは冀州の袁紹の長子袁譚です。先に建安5年（200年）劉備の兵は敗北を期し、袁譚は弟の袁尚に冀州を渡します。亡兄袁基の資料も無く全てわかりません。
　曹操が北征伐を始めて203年に冀州に入り長史袁譚を攻撃しますがこれから先の話が見つかりません。曹操軍と戦ったのは初めに劉備（61年〜23年6月10日）の兵です。袁譚の兵は後になりますが兵の話すらわかりません。少し疑問が生じてきました。

不久袁譚在与曹操作战时被殺、袁尚投奔幽州的二哥袁熙。

訳すと、やがて袁譚は在与で曹操作戦の時に殺される。殺したとは記されていません。被戕（殺害される）と被殺と少し意味が違います、袁尚と袁熙は幽州に亡命する。『三国志』では譚斬妻子誅殺です。その後に譚の墓標の話が出てきます。しかし袁譚が殺されたとはっきり書いていません。空白から曹操は204年に袁尚を攻めます。205年正月に曹操が袁譚を攻め滅ぼします。余り謎があり袁譚には諸説が多く自ら命をたつという説まであります。

決戰曹操、曹操知道袁譚並非一心歸順自己、但為了不讓袁譚再與袁尚聯手、於是讓其子曹整娶袁譚女兒為媳婦以安其心。曹操還封其為青州刺史。

曹操が決戦に挑みます。曹操は（[事実を] 知っている）並非は全く…ではない一心に、一途に帰順する自分（で）、但し為す了（動作、行為の実現や完了）不讓（有利な条件を譲らない）袁譚は袁尚に再興に協力することを、於（以…為…は…をとする、…とみなす）是讓る袁譚の女兒（女の子、娘）をその子曹整（曹整（約197〜218）、魏武帝曹操第二十子、母李姫、出継叔父曹紹）は娶るとする媳婦（息子の妻）以って安其心（一落ち着く二…をたくらむ）安らぐその心。曹操は還りそれ青州刺史（青州の長官）封を為す。

少し気になる袁譚の資料からです。曹整娶袁譚女兒為媳婦以安其心、袁譚の娘を曹整が娶る、曹操は息子が妻を娶って安心したと言う話ですがやはり袁譚に妻が居たのか、それとも袁譚が女性でその連れ子なのかわからず、安其心の文字もどう解釈していいかわかりません。この文章では青州刺史を袁譚が曹整に譲り娘も嫁がせています。曹操が我が息子の嫁の親を殺すとは考えられませんし嫁にする位の娘です。袁譚は若くは無くそれなりの年配者です。疑問です。男なら袁紹の長子になるはず

がありません。女子なら子供を抱えて袁紹に世話になることは十分にあり得ます、状況を考えれば袁譚が女子ならばこそ、戦場になるであろう烏垣から避難させたとも考えられます。

　曹操が 203 年に攻撃した話は年代が違っています。しかし、袁譚（漢末青州刺史、袁紹長子。曹操に投降した後に冀州をまかせられる）は早々と斬られています。曹操は冀、青二州平定します。袁尚は袁熙の幽州に退却し、205 年に袁熙、袁尚が急遽、烏垣の柳城白狼山に入りますが敗れています。袁尚と袁熙は柳城白狼山から脱出逃亡したと古書には記されていますが、疑問が解けたわけではありません。

　袁譚を穿つなら既にこの地から離れていたかもしれません。負け戦とわかっているなら戦う必要はなく先ず退却を選びます。残れば悲惨な結果が待っています。「袁家許多婦女被侵犯搶奪」です。倭に早く移動した多くの人は結果をわかっていたのでしょう。烏丸山は漢の領土と近く其処から倭に至るまで大きな障害もありません。

　それから歴史は何が起こるかわかりません。袁熙の妻が「甄氏被曹操之子曹丕納入后宮」、曹操の御子の曹丕の妃にされます。別の考えです。曹操が宗家に認めてもらうため曹丕の妻にした。しかし、曹丕の正妃になった袁熙の妻は文昭甄皇后（甄夫人、甄皇后 183 年 1 月 26 日～221 年 8 月 4 日）となり、魏明帝曹叡の生母となり後の文昭皇后となります。当然、卑弥呼の烏丸山からの長い旅は文昭皇后も支援したでしょう。

　袁紹の父は袁逢、後妻は劉（刘）夫人、寵妾五人、御子は袁譚、袁熙、袁尚、袁買（袁詔の侄、孫、ではないかと不明です。幼少）で戦闘に参加していないのは后刘夫人と長子の袁譚夫人、末子の袁買ですが、長男の袁譚夫人の名称がないのが不可解です。もしも袁譚が 205 年前に渡来すれば 30 代前半になります。

　この時代の王族の長女は姓に男名をなのることがあります。男名だから倭國では名乗ることができずにヒメと近親者に呼ばせたかも知れません。しかし成人すると婿を迎え同盟関係を結びます。この時代は女性も戦闘員で戦っていますから男名を名乗るのは不思議ではありません。こ

のような話は中国古代小説等のヒロインで見受けられます。戦闘に長女を外したのはいずれ征服される負け戦か勝ってこの地に留まれるか双方の思慮をかけて、幾ら離れても別の地でも烏垣の再興を願い烏垣の系統を絶たない策を考え、父袁紹は卑弥呼に烏垣の再興を託したかも知れません。胡時代の一説に首領だけでも脱出できれば再興はあると信じられていました。この戦いで全員が無事に逃亡したのに袁譚だけが亡くなる話は不自然です。卑弥呼が袁譚であるかもしれない。その話の根拠は弟の袁熙の妻は曹操に捕らわれて曹丕の妻に妃にされますが曹操が先に攻撃したのは長子の袁譚です。史記、資料からも袁譚の妻の話が出てこないのは不可解ですし、袁譚に妻がいたのかさえ資料には見当たりません。主な話は父親と弟の袁熙、袁尚の出来事だけです。

　袁紹の后妻劉夫人の姓名も、袁譚、袁買の話の先は中国の古代史の資料から詳しくは記されていません。袁熙、袁尚に関しては詳しく記載されている資料はありますが、三人の資料は乏しく袁譚が倭に渡ったと確実な資料が無ければ幾ら詳しく調べても、それでも、もしかしてと言わざるを得ません。1000人規模の女性兵士と渡来した、それも気になりますが、袁譚が亡くなったと記している事実と認める、墓も後年発見されています。しかし、たとえ袁譚が男で戦って亡くなっていても、袁譚に妻がいてその妃が無事でいれば母君と袁譚の妻文夫人が卑弥呼として渡来すれば、卑弥呼の渡来の話の可能性は説明できます。地理的にも漢領と接していますから、劉夫人に対して漢の同じ家族（系）の援助はあると考えました。202年に袁紹は亡くなり卑弥呼達が烏丸山を後にして倭に渡来した出来事は魏の史家にはわからなかったも知れません。史記に記載されない作戦は慎重に計画された証です。

　小説なら楽しい話ですが出来るだけ資料を再度調べ、一度、元に戻ります。

　官渡之戦……これは東漢末年の三大戦争の一つです。袁紹が主力10万、援軍1万の軍勢で曹操を攻めます。曹操は主力7000に援軍を入れて2万の軍勢で迎え撃ちます。

袁紹は曹操に敗れ7万の兵士を失い残りの3万の兵士と帰還します。200年から2年後に病に倒れて亡くなります。

　後に残ったのは袁紹の后刘（劉）氏夫人。ここで袁尚は劉夫人を後継者とします。長子袁譚、兄の子で后は文夫人、周朝時の姫姓で貴族の女性の子孫です。もしくは美称と称される女性を指します。二男の袁熙の后は後の文德皇后です。三男袁尚には后はいません。四男の袁買は詳細不明です。

　刘氏夫人と文夫人と袁買が残ります。『三国志』巻1には10年春正月、攻譚、破之、斬譚、誅殺妻子、冀州平。とあります。これを信じるなら劉夫人と袁買が袁紹の死後二名の消息は歴史書から消えてしまい、それ以前も資料が余りにも少なさすぎ、卑弥呼が倭に渡来すると烏垣の歴史は無くなりました。守備隊の女性兵士と多くの女性が共に倭に、そして卑弥呼が渡来します。卑弥呼の渡来に支援者が無ければ無謀な話ですがここで登場するのが袁譚？　妻？（卑弥呼）、袁買（素戔烏）袁紹の后刘夫人です。

　刘氏は堂号（古代郡）は彭城堂です。東漢、漢族で、漢の郡名では現在の江蘇銅山県の人で名門宗家族の人、漢からも支援（宗家族、漢族刘氏）が有ればこそ卑弥呼は烏丸山から朝鮮半島を南下して倭に烏垣人大移動の事業を為し、『後漢書』・東夷列伝）建武中元2年（紀元57～336年）倭奴国奉貢朝賀、使人自称大夫，光武賜以印綬。漢委奴国王の金印を授かったのです。但し年度が違っていますが光武帝から授かっていません、卑弥呼（劉夫人）の御子熙の妻文郭皇后から授かっています。

　この時期の皇帝と称するのは武帝操（155～220年3月15日）漢献帝劉協（181～234年9月19日）、東漢最後一位皇帝、在位期間は189～220年。曹丕に脅迫されて帝位を禅譲する。

　漢昭烈帝劉備：字玄德、(150～222年)、三國の時に蜀漢を立ち上げます。どの帝王から受取ったのでしょうか。文郭皇后から受け取ったのです。

　卑弥呼は『三国志』の記事が正確なら劉夫人が亡命したことになります。

西漢初年：匈奴族刘（劉）姓。当時、匈奴部族强、漢高祖刘邦采取和亲政策、把皇室宗女嫁給匈奴单于冒頓冒頓（匈奴王）爲妻。冒頓、但按照匈奴貴者皆從母姓的習俗、攣氏子孫皆姓刘。

　この文章を見て驚きました。袁紹にも冒頓にも刘姓の皇室宗女を妻にする秦から漢の同和政策、夏子の同和政策です、袁紹の敵、冒頓にも同じ宗家族の夫人が妻。憶測すればそれで名前を伏せていたかも知れません。しかし、これだけではありません。

　東漢末年的袁紹就把自己的宗女嫁給烏桓等民族首領、又加封他們為單于。三國時期的魏國打敗烏桓後、把他們遷到內地成為重要軍事武裝。

　東漢の末年の袁紹は自分自身の宗女の嫁を烏桓等の民族の首領に就ける、又單于（匈奴の君主の称号）をさし封をする也。三国時期の魏国は烏桓打敗した後、軍事武裝の彼等を奧地に移すのは重要です。この文章は病の袁紹は自分の終わりを感じて袁譚、妻（卑弥呼）の母親を烏垣の首領と言っているわけです。母親と袁譚が倭に渡来したことを書いた資料はありません。しかし、見方を変えれば母親と袁譚は亡命者ですから名前を名乗りません。通称、周りの物に姫と呼ばせた話も間違っていません。渡来の記載はなくても話は事実に近い位置にいるでしょう。この話はあくまで袁譚が女性であって弟や母親、劉夫人と倭国に渡来していると記載された文章が無ければ認められないでしょう。しかし、有り得るかもしれない話です。
　『三国志』の話がすべて正しく書かれているなら袁譚は斬られ妻子は誅殺されています。

　又、据史記（漢書）、（通志·氏族略）和（中国姓氏）所載、刘姓的起源主要有三支：祁姓、姬姓（烏姓、黄帝）、外族的改姓。

ここでは刘（劉）姓の中に姫姓があるということです。

　卑弥呼亡き後の戦乱の奴国では卑弥呼の御子登与が仲哀天皇の妃になり、戦乱は収まります。息長帯媛から神宮皇后となり卑弥呼が父袁紹の烏丸山の烏垣族の継承を倭の奴国でかなえました。これが歴史の流れです。
　既に中国では卑弥呼は九州島の北部の統治者と認識しています。漢語で書かれていますから、当然中国では全てを理解していると思います。いつまでも邪馬台国の女王では見識を疑われても仕方のないことです。

第二章

汉（漢）字

　　「倭」は「わ（Wā）」と発声しません。「を（Wō）」と発声します。「あいうえお」の「お」ではなく「わゐうゑを」の「を」です。和は「ヘ（Hé）」ですから簡単なことですが初めから誤りがあります。
　　早々と二章に漢字を持ってきましたが、多くの誤りは読み違いから始まったと言っても過言ではありません。壹を臺に変化させ、そして台の字を使用する、古文を適当に解釈するなら答えも適当です。
　　日本で使用する漢字は振り仮名を打つことができますが、中国の漢字はいきなり発音を文字にしています。ピンインで読めるようになったのは後年のことです。声を出して話ができない相手に文字で伝える。発音優先なのです。これは読みの発音が合っていれば文字が違っても意味は同じと解釈します。
　　倭人は「Wōrén」倭国は「Wōguó」倭寇は「Wōkòu」と発声します。倭のことを「わ」と言ったという話は全く合っていません。
　　特に注意しなければならないのが中国文は漢字で構成されています。文字の一つ一つに意味があり、対して日本文は漢字とひらがな、カタカナで構成されていて漢字には中国と同じ意味がありますが、ひらがな、カタカナは発声記号で一つ一つの文字に意味がありません。
　　中国語では四声記号で記し同じ音でも音の高低で全く意味が違ってきます。日本語の漢字に振り仮名で読みを伝えますが、中国語の漢字の読みは四声記号（ピンイン）を交えてアルファベットで表します。
　　文の構成が全く違いますから重要です。熟語でも前後の言葉で意味が

変わり日本語と同じ漢字でも意味が違うことがあります。

　中国から来た漢字を音訓読みより漢語で理解するほうが適切な意味をあらわす文字が見られます。

「漢字」……これは何と読みますか。日本では「かんじ」と読みます。本家中国では何と読んで発音をしているのでしょうか。

「汉」は簡体文字、汉（漢）字　hàn zì　と読み発音しますが、漢が最初に使ったわけではありません。周の時代から使っていた文字です。

　甲骨文、次に金文、次に小篆、次に隷書、次に草書、次に行書、次に楷書、これが汉字です。

　身近なところで辞書にも違いが見られます。漢字で書かれているから日本と中国では物の考え方が近く、しかし気を付けて見れば日本の漢字辞書は漢字の意味を調べるために作成されていますが、中国の漢語辞書は言葉（発声）を文字でどのように記すのか、漢語辞書で調べるために発声の言葉で漢字を探し意味を理解します。日本の辞書では漢字一つに読みから内容まで説明しますが、中国では言葉を調べるためですから同じ漢字が幾つも発音に合わせて載っています。

　ここでお尋ねします。なぜあなたはこの漢字の文字をKanjiと読むのですか？　それは学校で習ったから。では、この字は漢の時代に使われていた文字、漢字ですからHanjiと教えてもらいましたか？　いいえ、「はんじ」と書けば間違いにされます。

　亜細亜大陸にはHanjiではなくKanjiと発音した民族がいました、その民族が倭民族に近いと推察できます。

　簡単に中国の歴史の流れを説明します。石器時代から夏王朝に青銅器を使った軍事国家の殷、殷を滅ぼした周（西周、東周［春秋、戦国］）、始皇帝の秦、漢（前漢、新、後漢）、三国志（魏、呉、蜀）それから晋です。

　漢の時代に日本に伝わったということですが、誰が伝えたのでしょうか。綾人（漢人）が伝えたのでしょうか。漢が態々辺地の日本に伝えるでしょうか。それはありえません。辺境の倭、胡人の国に漢が自ら綾人を派遣することはありません。

紀元前、徐福が秦の始皇帝の命令により童子を参千人連れて出雲の国に来ていますが、いきなり来た訳ではありません。事前に打ち合わせや連絡があり、この計画は本州人を無視してできるわけではありません。当然、仲立ちする人もいたはずですし、燕の時代の話ですでに倭に似た国（蓋）が朝鮮半島の東南にあります。

　連絡は漢字を使ったのでしょうか。倭の言葉を話せる秦（燕、斎）の人か漢字のわかる人なら、漢字は他の国の言語を表現できる貴重な文字です。言葉で説明できなくても漢字なら幾多の国に意思を伝えることができます。

　他の世界各地で発見された古代の文字は後世、解読に苦難を余儀なくされていますが、漢字は違います。漢字なら数年の年月を経ても読み取ることができる優れた文字なのです。

　現代においても繁体文字を使っているのは日本Nihonと台湾、香港等ですが、本家の中国は簡体文字に変わっていますから中国の古代史を読むのは日本語のほうが中国語より読みやすくなるという不思議なことが起こっています。

　近年、越南は古代に使用していた漢字の復旧を考えていますが、近隣諸国も漢字に戻せば亜細亜の共通語として異国間の意思疎通が良くなります。

　中原でできた夏王朝は文字がありません（現代資料がない）。ですが殷が銅製の武器で夏を倒します。ここから文字の始まりです。エジプトを代表する古代の文字は読めません（解読されたのもありますが）が、殷の甲骨文字は現代でも読み解くことができる文字です。これは古代の文字を読み過去を知る重要で大変なことです。

　初めは国を治める一つの手段として統治者の権威を高めるために神と会話をするのに甲骨文字が使われています。甲骨文字は王が神に伝える文字です。他の人には触れさせてはなりません。この当時の文字は神聖で威厳がある特殊な存在ですが漢字が大きく変わっていくのは周の時代です。武力国家殷の属国であった周が殷の統治の及ばない小国を纏め

て殷と決戦を挑みますが、ここでも周が漢字の特性を利用し殷から800キロメートルも離れた周が漢字を手にいれます、それは1ミリに満たない小さな亀甲文字です。

殷の意向にそぐわない多くの国、部族に周は漢字を上手く利用しました。方言、官話（中国語の方言区分の一つ）は部族によって違いますが漢字なら何を伝えたいのか趣旨意見がわかりますから、同じ方向に進む民族と同和政策、同盟政策を取ることが安易にできました。

周は殷に従わない微を含め八つの部族と密かに連絡を取り、周を攻めたのです。

圧倒的な軍事力を誇る殷が70万の兵士で対峙しますが、属国であった周は多数の民族で同じ数だけの兵を揃え対峙しますと殷の兵士は真下に周の兵士軍団に直面し、殷の兵は武器を捨て遁走しました。1日にして殷は周に敗れたのです。

周は殷を滅ぼし中原を治めますが漢字の威力を知っていますから又しても漢字を使います。

既に参戦した国以外に数百の部族があります。それらを纏めるのは無理ですが、青銅器（柞伯簋・師西簋）に漢字を彫り、周と各部族の青銅器に記載した契約書を作ります。例えばその一節ですが、土地は保証するが税を払え、緊急事態が起これば虎臣（精鋭部隊）を送れとか、各部族に漢字で契約の詳細を記し、各部族と契約し封建制度を行いました。

秦の出身地は馬を育てる暮らす秦亭村の遊牧民でした。良質の馬を育てて力をつけ、中原に度々、攻め入りますが敗れます。秦は近隣の部族と共に周に攻め入り滅ぼした後に次々と異民族を占領していきます。そして會盟（同盟）を結びます。木型に赤い血で「絶対に裏切りは許されません」との趣旨を漢字で記します。これを候馬盟書と言います。

秦の始皇帝が徐福と3000人の童子を倭、本州島に送り出しますが、方士の徐福が文字を知らないことはありません。秦の文字を解明すると

弥生人のヒントが出てきます。秦は倭音で Hata、漢蒙音は Qin、漢音の Qin 漢越音は Tần と発音します。秦王朝は倭音では Hata ōchō、漢蒙音は Qin gürnii、漢越音は nhà Tần ですが、倭音だけ Hata です。では秦亭村を倭音では Hata chin-mura、漢蒙音では Hatatei tosgon、漢越音では Hatatei Village、漢音では Qín tíng cūn です。

　これで気づかれたはず。倭音は明らかに漢蒙音に近い。初期は漢蒙語で後に漢越語が渡来しすぐに漢蒙語と入り混じりますから言葉が入ってきた地域と年代がわかれば個々の地域の歴史がわかります。

　ただし現代訳なので 20 世紀前も同じ読みだったのかどうかを知る無理な話です。倭人は北方遊牧民では無いかと疑いますが北方遊牧民が移り住んだ越南からも、この移動に伴って他の民族も多数渡来していると考えるのが無理のない話でしょう。露西亜の雅庫特人（ヤクート）、波斯等と混じりあった匈奴と数えれば、多くの民族の遠祖が混じりあっているのです。

　西戎である秦が中原を目指し度々の戦いで周を滅ぼし華夏族の後継者を名乗りますが、しかし西戎である秦が中夏はいくら正統を訴えても無理があります。北狄、東夷、南蛮が中原を囲んでいたので秦は中原の夏を拡大し、秦は夏王朝の流れだと正統性を主張しますが、武力で制圧しても統治は困難を極めます。始皇帝は秦の女性を占領した各部族の権力者に嫁がせますが、生まれた子は秦族と名乗らせれば各部族は従いません。新しく生まれた御子を夏王朝の子だと夏子と名乗らせました。

　これなら各部族も納得し秦の一族となります。各部族の長から朝貢を促し金印を授け冊封体制を構築しました。紀元前 221 年のことです。

　中原の民族は多くの部族が入り混じり、後世に続いていきます。単一民族はないのです。

　秦が平原を統治すると漢字に危機が訪れます。始皇帝は全土に満州文字を復旧させようとしましたが、満州文字は使いづらく、秦の四代皇帝康熙帝によって漢字を守る康熙字典ができます。漢字は 20 世紀の歴史を受け継ぎ皆に知らせるための文字です。

漢字は日本に来てから複雑に変換されましたが、弥生期から日本語に対応した素晴らしい変化を遂げます。

　日本の古文書ですら中国の漢字より日本の漢字で読めば意味がわかります。7世紀の文書ですが何となく現代使用している漢字で読むことができます。しかしこれが落とし穴です。日本語で書かれていても意味は漢文の意味が多く見られます。

　簡単なようでも世界の文字の中では貴重で後世にこのまま残さねばなりません。1700年前の古文書を理解できるのは日本に渡った漢字に手を加えず、不足した文字を足して初めの漢字を多彩な読み方を施し、漢字本来の言葉は伝わらなくても意味がわかる漢字の役割を果たし、我が国がいつしか漢字を使う正統者になっています。

　現代の中国の漢字は簡体字、古文書は繁体字を使い、朝鮮はハングル文字を使用しています。東南アジアの漢字を使う国は欧州の文字を使い自国の文化に合わせています。

　一つ二つの例を示してみます。身近な父と母と言う文字ですが、ピンインで父はfùで母はmǔです。古越（ベトナム）語で調べてみますと、父はchaで母cái.đẻ.má.mạ.mẫu 古越にも多くの国があります。言葉は同一ではありません。

　仮説です。父はcha、母はcáiを使いましょう。おっ母、母ちゃんと可笑しくはありません。父をちち、母をははと発音していることに興味が沸いてきました。ちち、ははと発音する言葉はどこの言葉でしょうか？

　アイヌ言語でもなく簡単な言葉なので案外と縄文人の土着の言葉かもしれません。

　普段、何気なしに使っている言葉は大陸の渡来系某民族が持ち込んだものです。意外と簡単な答えですが漢字の読みは異民族によって違います。読みを調べれば弥生系渡来人の出自がわかるかもしれません。勿論中国も同じですが、発音に漢字を持ってくる、形一つの文字の漢字を幾通りにも読む世界中に例のない稀有な日本民族なのです。普段このようなことを意識したことがありますか。

日本語で此ニ也ニ一本ノ筆ニ、中国語は此被是一個的笔、英語で This is a pen．古文書の文法も恐らく現代の形とは違います。先人は苦労してカタカナで補正し平仮名で修正しました。それが日本の豊かな文化に発展していくと同時に新たな文化に繋がりました。

　日本読みの漢字 kanji を漢の読みに当てはめましょう。hanji と発音する漢字です。

　刊は kān ですが、古代に篆刻等、現代は刊行等に使われています。悩ましい話です。

　漢字を日本に伝えた民族は秦、漢 hàn、魏でもなく漢字を kanji と発音した民族です。

　倭音 Kanji、漢音 Han、漢蒙音 Kan、漢越音 Han ですが、漢越音は漢と同じです。古代の地理を見れば漢の勢力下にはいっています。

　大同（敦煌）の鮮卑貴族が文字を伝えた説があります。鮮卑貴族が渡来する前から漢字はありました。資料等が残っていないからないというのは短絡的な考えです。

　でも、重要です。普段誰も考えません。漢を漢越音では Han、漢蒙音では Khan・XaH と声を出します。

　絶対にこれで間違いないというのは 20 世紀前の無理な話です。鮮卑族が話していた鮮卑の言葉がわかりません。現代ではたぶん近いのが大同の人ではないかと考えられています。地名の発音が同じ言葉が多く他は様々な国の言葉が入り混じっていると考えるのが適切でしょう。

　漢字は意味も伴って運んでいます。出雲風土記の初めに「八雲立　出雲国」と書かれています。音訓読みでわかりますか？

　中国読みで理解すると、八は四方八方の八、隅々です。今風に変えると全て。「雲」はいう。「立」は立ち上ったと訳しますと「出雲の国の全ての出来事を話します」となります。

第三章

伊志治

　卑弥呼の時代の影の権力者である伊志治、倭音 Ishi ji、漢音 Yīsījī、漢蒙音 I Siji、漢越音 YiSiji を追いかけてみます。では北から始めます。

　二文字の姓である「伊志」は鮮卑、胡ですが漢にも伊志は見受けられます。漢族の伊志ですが、身分が高いということを表しています。
　倭国では伊志治、息長宿禰、伊奢沙（漢音 Yīshēshā）、和気と呼び名がありますが、倭（日本）では姓を変える風習があります。
　倭人伝にも伊聲耆（漢音 Yīshēngqí）姓が出てきます。太夫ですから景行天皇の御世に太夫と言えば息長宿禰です。同一人物ではと思わせます。卑弥呼との接点が出てきました。
　南に下がると琉球王国で伊志の姓があり、これも現代まで続いています。
　ここからが重要です。南に下がって中南半島まで辿ります。東から越南、西側に上から老挝（Lào）、南に東埔寨（Campuchia）、西に秦国、西に緬甸があり、東埔寨の北境に真臘 Zhen La 、英語で Chenla The Customs of Cambodia という国ができます。王の姓は伊奢で、伊志治はこの地この家族（親族）の伊奢一族ではないか。何等の事情により倭に渡来しているのかもしれません。
　周達観の著である真臘風土記をのぞいてみます。真臘は中国読みですが、カンボジアの人は甘孛智（かんぽち）と言っています。
　肥後国風土記の海部郡の一部抜粋をしますと、「此郡百姓、並海辺白

水郎也。因曰海辺郡」。白水郎と記載されていますが、白水郎はどこから渡来したのでしょう。

中国の調査では、明清（清）期に台湾に面した福建省の南部の水上生活者達を泊水といいます。

清・陳夢雷（古今図書集成・職方典卷千百一・漳州府風俗）云：「南北溪有水居之民焉、維舟而岸住、爲人通往来、輸貨物、俗呼之曰泊水。」清・光緒《龍溪県志・卷十・杂俗》載：南北之溪、有水居之民焉、終夢舟居、俗呼之曰泊水。白水郎之婦曰白水婆。

遡ってみます。

越南ベトナム Sa Huynh Culture の水上生活者がいます。カンボジアの水上生活者は現代でもよく知られていますが、ここは同じではないようです。真臘の白水郎も考えられますが交易も盛んです。国の衰退と戦争で必ず国を捨てる者が出てきますが、仮想の話は禁句です。

倭と北側の接点を探しますと、まず倭の九州島、漢越音 ảo Kyushu 北東の海部（倭音 Ama、漢越語 Kaifu）郡に白水郎はここを拠点としましたが他にもあるでしょう。その一つが対馬、津島の白水郎です。

筑前國志賀白水郎歌十首、　王之　不遣尓　情進尓　行之荒雄良　奥尓袖振。

右以神龜年中大宰府差筑前國宗像郡之百姓宗形部津麻呂宛對馬送粮舶柁師也　于時津麻呂詣於滓屋郡志賀村白水郎荒雄之許語曰　僕有小事若疑不許賖　荒雄答曰　走雖異郡同船日久　志篤兄弟在於殉死　豈復辞哉　津麻呂曰府官差僕宛對馬送粮舶柁師　容齒衰老不堪海路　故来祗候願垂相替矣　於是荒雄許諾遂從彼事自肥前國松浦縣美祢良久＜埼＞發舶直射對馬渡海登時忽天暗冥暴風交雨竟無順風沈没海中焉　因斯妻子等不勝犧慕裁作此歌　或云　筑前國守山上憶良臣悲感妻子之傷述志而作此歌　志賀白水郎、荒雄、伝承、

ここに書かれている古文ですが発音は倭語でも意味は漢語です。意識して読みますとより詳しく理解できます。「沈没海中焉」はここに海中に沈没。「豈復辞哉」の豈復はどうして繰り返すか、「辞」は美しい言葉、「哉」は慨嘆又は賛嘆を表し……かなと。

　ここから先の2世紀に朝鮮半島に渡りますと、弁辰、辰韓、濊、倭（朝鮮半島の）に鉄と中国で使う銭を倭とヤマトが求めていますから、対馬を経由して朝鮮半島に渡る集団が北に進み、倭から対馬を経由し三韓、そして帯方群、楽浪郡、遼東半島を抜けて鮮卑帝国に渡っても可笑しくないと考えます。北のシルクロードです。繋がりましたがこれらの真実を記載した史記がありません。全て推測の話で信憑性に乏しいかもしれません。

　しかし、百済にも白水郎が渡ったとなれば後の話は飛躍してきます。百済の遠祖は越胡の人、倭と同じ民族ですが、資料が乏しく絶対に正しいとは言えません。

　滋賀の稲目は伊志治（息長宿禰）の一族の本拠地です。伊志治は播州（播磨）賀古郷が本拠地ですが、この館で伊志治が交易を行い、時の景行天皇に影響を及ぼしているなら話（ストーリー）が繋がります。一番の根拠は鉄です。朝鮮半島で鉄を知った伊志治が滋賀の稲目で鉄を造る、造ろうとしたことです。

　当時の漢は直接他国と交易をせずに、琉球王国経由で交易しています。琉球の貝殻が日本の弥生期の遺跡から出土しています。当時の琉球の貝殻は大変貴重で、チベット王の墓からも琉球の数が多く取れる宝貝の首飾りとルビーの首飾りがあらわれました。

　それより重要なのは弥生期に稲作が入ってきました。倭には白水郎が持ち込んだ可能性があるでしょう。北方遊牧民の農作物は気候を考えれば稲作は難しく、他の稗とか高粱と考えます。動物だけを相手にしていたわけではありません。多くは農作業に従事していました。放牧のイメー

ジが強いのですが、宮殿やそれに伴う住居町もありました。
　胡の人の特徴は巻き舌言葉を使わない。何となく同じ民族だとわかるわけですが、巻き舌言葉を使う民族も渡来しています。参考ですがキトラ古墳が良く知られています。北浦ですが漢越音も漢蒙音も Kitaura ですが、そのまま区切った発音ではなく Ki tau ra と三つに区切り、キッタゥラとなまりの発音をとればキトラ古墳と聞こえ、発音は少しの誤差です。塚内部の壁画の衣装もその当時を表していると考えます。

第四章

三国志 巻三十烏丸鮮卑東夷伝（倭）

『三国志』巻30「魏書」30 烏丸鮮卑東夷傳第30の中に倭を記した項目があります。通称魏志倭人伝ですが、鮮卑民族、高句麗、弁辰、辰韓、馬韓、三国の話の後に倭人在帶方東南大海之中…云々と続き、氐王の話で終わります。

魏志倭人伝と言われる話は陳寿、別名陳承祚、蜀漢から西晋の人（233～297年）漢族の史学家ですが、魏として記しています。人は感情を持つ動物ですから随所にそれらが現れています。前文で説明しました烏丸山の烏垣を滅ぼし追放したのは曹操、魏を建国した人です。卑弥呼と陳寿は良い関係ではありません。それを意識して読むことが重要で、卑弥呼、登与の朝貢の使者から直接に聞いたのではなく、中間の人がいたと言うことです。では始の文章を紹介しましょう。國志巻30「魏書」30 烏丸鮮卑東夷傳第30です。

魏書曰：烏丸者東胡也。漢，匈奴冒頓滅其國、餘類保烏丸山因以為號焉。俗善騎射隨水草放牧、居無常處、以穹廬為宅、皆東向。

この物語に関連する文章を抜き出しました。

（一）魏書曰く：烏丸ノ者、東胡ナリ。匈奴によって烏丸山に追われた胡は烏垣族と呼ばれます。

漢ノ初メ、匈奴ノ冒頓ガ滅スニ其國ヲ、餘類保烏丸山，因以為號焉。

漢の時代、匈奴の頓王がその国（胡）を滅ぼす。餘類ヲ保ニッ烏丸山ニ、食料（生肉、穀物）を烏丸（漢音 Wūwán 倭音 Karasuma 漢蒙音 Karasuma）山に保存する。因三以テ為四號焉ヲニ、以て號焉（喚き散らしている）を牢獄に繋ぐ。鮮卑山に追われた胡は鮮卑族と言われています。

　俗ニ善ク騎射ガー、俗に乗馬や弓射が優れている。隨水草ニ放牧、雨上がりや霧で湿っている草に放牧する（湿原の放牧？）。居無ニ常ニニ處ニニ、常時その處に居ません。以テ穹ノ廬為スニ宅トニ、以て（もって）大空の所に住まいを設ける。皆東向、皆東向きに。

　書き出しの魏書曰：烏丸者、東胡也。の言葉はこの章の全てを表していると言っても過言ではない重要な言葉です。

　この後は烏丸の風俗等が記載されて鮮卑の戦いの話に移って行きます。

　自其先為匈奴所破之後、人衆孤弱、為匈奴臣服、常歳輸牛馬羊、過時不具、輒虜其妻子。至匈奴壹衍鞮單于時、烏丸轉彊、發掘匈奴單于冢、將以報冒頓所破之恥。壹衍鞮單于大怒，發二萬騎以擊烏丸。大將軍霍光聞之、遣度遼將軍范明友將三萬騎出遼東追擊匈奴。比明友兵至、匈奴已引去。烏丸新被匈奴兵、乘其衰弊、遂進擊烏丸、斬首六千餘級、獲三王首還。後數復犯塞、明友輒征破之。至王莽末、並與匈奴為寇。光武定天下、遣伏波將軍馬援將三千騎、從五原關出塞征之、無利,、而殺馬千餘匹。烏丸遂盛、鈔擊匈奴、匈奴轉徙千里、漠南地空。建武二十五年、烏丸大人郝旦等九千餘人率眾詣闕、封其渠帥為侯王者八十餘人、使居塞內、布列遼東屬國、遼西、右北平、漁陽、廣陽、上谷、代郡、鴈門、太原、朔方諸郡界、招來種人、給其衣食、置校尉以領護之、遂為漢偵備、擊匈奴、鮮卑。至永平中、漁陽烏丸大人欽志賁帥種人叛、鮮卑還為寇害、遼東太守祭肜募殺志賁、遂破其眾。至安帝時、漁陽、右北平、鴈門烏丸率眾王無何等復與鮮卑、匈奴合、鈔略代郡、上谷、涿郡、五原、乃以大司農何熙行車騎將軍、左右羽林五營士、發緣邊七郡黎陽營兵合二萬人擊之。匈奴降、鮮卑、烏丸各還塞外。是後、烏丸稍復親附、拜其大人戎末廆為都

尉。至順帝時、戎末廆率將王侯咄歸、去延等從烏丸校尉耿曄出塞擊鮮卑有功、還皆拜為率眾王、賜束帛。

　　自からその先、匈奴の所（駐屯地）を破ったその後、父又は両親を失った多くの弱い幼児が、匈奴に臣服（従う）する、常に毎年牛馬羊を輸（移動）し、能力が無く時代遅れである。その妻や子を直ちに虜（［古］奴隷、古代の北方民族に対する蔑視）にすれば、匈奴、壹衍鞮單于？（〜前68年、亞洲古匈奴の君主の一人、他於前85年接任狐鹿姑單于擔任匈奴單于、前68年卒於任）の時、烏丸が強力になり、匈奴の一つの住み家が発見された。冒頓の駐屯所が破られたのは恥である將を以って報復をする。壹衍鞮單于は激怒、二萬騎を以って烏丸から撃つため発つ。大將軍霍光聞（渤海人也。治［春秋］）と、遣度遼（官至：遼東太守、度遼將軍 爵位）將軍范明友（西漢大將、霍光女婿、漢武帝晚期開始重用される、漢昭帝、宣帝時代の北方の重要な將軍の一）將三萬騎でもって匈奴を追擊し遼東から出す。比の明友兵が来る、匈奴は己が引きさがり去る。烏丸は新しい匈奴兵、それらは乗っているが衰弱している。遂に烏丸は進撃する。斬首6000餘級、獲は三王、初めとしての戦果はまずまず。後に度々辺境の地を犯す。明友はこれを破れば輒（…すれば直ぐに、…するといつも）征伐する。至王莽（［公元前46年12月12日〜公元23年10月6日］字巨君［前45〜23年］西漢元帝王皇后之侄。漢平帝時代に大司馬を為す。領尚書事、天下の權限が傾く「漢書·平帝紀」記載、魏郡元城主、新顯王王曼の長子、西漢孝元皇后王政君侄。新朝開國の皇帝［公元8〜公元23年在皇帝位］）末、ともに匈奴の敵と為。光武帝の天下で落ち着く、遣わす伏波將軍（古代對將軍個人能力の一種封號）馬援將（［前14〜49年］字文淵。漢族、扶風茂陵人。西漢末至東漢初年の著名な軍事家、東漢開国の功臣の一）3000騎、從五原關（雄據萬里長城西端終点）塞（辺境の地）に出征する、利は無い、而に馬千餘匹殺す。烏丸は旺盛につれて、匈奴を攻撃し押さえる。匈奴は徒歩で千里の転送、漠南地（清朝時期に漠南蒙古没後、統一行政区）は空。建武25年（49年）、烏丸大人郝旦等9000餘人率いて眾詣闕（遼西烏桓の大人郝旦等922人は漢に投降する、貢献奴婢、牛馬、弓及貂皮等と別の文章

有り）に、その渠帥（一、釋義 1、魁首。史記 司馬相如傳）為侯王者（在中国民間伝説、是は南宋末年楊太后の弟、楊亮節を指す）80 餘人を封じる。使う住居僻地の内、遼東属列国に宣布する。遼西、右北平、漁陽、廣陽、上谷、代郡、鴈門、太原、朔方諸郡界、多様な人に来てもらい、その衣食は支給する。以って領を護る校尉を置く。漢は偵察し具備し遂に匈奴、鮮卑を撃つ。至、永平（雲南管轄県、帝王年号？）中、漁陽（古代地名、秦置漁陽県、即今北京市密雲県西南）烏丸大人、欽志賁帥種人（種族、人種）謀叛、依然として鮮卑の寇害（侵略者の被害）、遼東太守の祭肜募と殺志賁、遂にその多数の敵を破る。安帝の時代、漁陽（古代地名、秦置漁陽県）右の北平、鴈門（雁門郡は地理名詞、戦国時代の郡名）烏丸率眾王（紹遣使に即く拜す）何も無くなり鮮卑等と復興する。匈奴共に、鈔略代郡（和連この地で射死）、上谷(上谷郡の始めは燕昭王 姫平 29 年 [紀元前 283 年]、今河北省張家口市宣化区）、涿郡（今の天的河北省涿州市、古代行政の区割り単位名称）、五原（中国内蒙古自治区巴彦淖爾市管轄の県）、以って大司農何熙行車騎将軍である。側近は羽林五營士（黄巾起義、東漢晩期の農民戦争、中国歴史上最大規模の一定の宗教形式組織の一揆）、周辺に従う七郡が黎陽（北魏黎陽郡）の兵營、合わせ 2 万人を撃つ。匈奴投降、鮮卑、烏丸各辺境に還る。是の後、烏丸の少し親も従い戻る。拜（一定の儀式を行い、官職を授ける）その大人戎末廆都尉（東漢烏桓族大人［兄弟や親せきで序列が一番上］、別名戎朱廆、安帝時代身附朝廷に親漢都尉と授与される）と為す。順帝（漢順帝劉保 [115～144 年 9 月 20 日]、漢安帝劉祜の子、母は宮人李氏、東漢第七位皇帝、[125～144 年在位]）の時に到、戎末廆率將王侯驚き帰る、撤退を遅らせる等、從烏丸校尉耿曄（字季遇、扶風茂陵［今陝西興平東北］人、戊己校尉）険要の地の出撃は鮮卑には有功、還ると皆は率眾王に額ずき、賜る束帛（古代用の聘問、饋贈の禮物）。

ある時期、西の匈奴に胡は鮮卑山と烏丸山に追い詰められます。烏丸（倭音 Karasuma、漢音 Wūwán、漢蒙音 Karasuma）山の胡は烏垣と言います。鮮卑山の嘎仙洞に追われた胡の人達は大湿地帯の川が流れる达里湖に向かいます。遊牧民ですから多くは定住の家屋は持ちません。文章を辿っ

てゆくと人命、地名が歴史の流れに沿って詳しく記され倭人伝の項の文章と余りにも違い過ぎます。いかに倭に対する偏見が強く、倭の人名、地名の話の不正確さがわかります。

話の続きは鮮卑から高句麗、そして韓の話になり、辰韓、馬韓と続き弁辰に至ります。

弁辰傳

弁辰與辰韓雜居、亦有城郭。衣服居處與辰韓同。言語法俗相似、祠祭鬼神有異、施灶皆在戶西。其瀆盧國與倭接界。十二國亦有王、其人形皆大。衣服絜清、長髮。亦作廣幅細布。法俗特嚴峻。

弁辰ハ與スニ辰韓雜居ヲ、弁辰は辰韓と他国ともに建国。亦、有スルニ城郭ヲ、又、城郭を有する。衣服居處ハ、與スニ辰韓ト同ジ、衣服と住む所は辰韓と同じ。言語法俗ハ、相似ル、言語と決め事は同じ。祠祭ハ鬼神ガ有ルニ異ル、祠祭は異なり（道教に比べ）鬼神がある。鮮卑の鬼道と違うことに注意して下さい。また、鬼神は高句麗の祭神でもあります。施灶（竈）皆在ルニ戶西ニ、造られた竈（かまど）は西の戸口に皆在る。其ノ瀆盧國（紀元前三韓の時代に弁韓十二國を瀆盧國です。757年新羅景德王時代に巨斎郡になる）與倭ト接界、その瀆盧國（巨済市、거제시）は倭との境界です。十二國亦有リニ王、十二国にはまた、王が有る。其、人形ハ皆大キイ、人は皆大柄。衣服絜清、衣服は清潔、長髮。亦、作ルニ廣幅細布ヲ、幅の廣細布を作る。法俗特嚴峻、法俗は特に厳しい。

倭人傳

倭人在帶方東南大海之中依山嶋為國邑舊百餘國漢時有朝見者今使譯所通三十國。

倭人は帶方郡（遼東半島、楽浪郡、帶方郡は漢領土［後漢は魏の支配地］、馬韓と朝鮮半島の西側）の東南、大海の中に在る。よって嶋（原文は島の文字

が無く鳥の下に山の字を一つの文字形にして急拵えの文字です。魚の群れに鳥が集まる山の姿を嶋に見立てていますがこの時代は島の底の形状はわからなかったでしょう）は国邑（国と郡、国と都市）でできています。昔は百余国あり、漢の時、朝見（朝貢）する者がいた。今、使える譯所（馬を乗り継いで連絡できる、この時期に馬は倭に渡来した？）通は 30 国である。

從郡至倭循海岸水行歷韓國乍南乍東到其北岸狗邪韓國七千餘里。

倭へは郡に沿って（南下）海岸を船で韓国を一寸南一寸東経由すると至。その北岸は狗邪韓國（狗は犬、邪はよこしまなとか怪しい、相手を罵る言葉で狗弥と言う言葉も多く見られます。ここの韓国は馬韓を指しています）、7000 餘里です。

始度一海千餘里至對馬國其大官曰卑狗副曰卑奴母離所居絶島方可四百餘里土地山險多深林道路如禽鹿徑有千餘戸無良田食海物自活乗船南北市糴。

始めの一海は 1000 餘里で對馬國（対馬）に至る。その大官は卑狗（漢音 Bēi gǒu）、副は卑奴母離（漢音 Bēinú mǔ lí、直訳すると酷い言葉です）という、居るところは絶島で周囲は 400 餘里、土地山は險しく深林が多い道路は鳥や鹿が跨ぐ。1000 餘戸有る良い田は無く海の物を食し自活する船に乗り南北に市（船上の物売り含む）をする。

又南渡一海千餘里名曰瀚海至一大國官亦曰卑狗副曰卑奴母離方可三百里多竹木叢林有三千許家差有田地耕田猶不足食亦南北市糴。

又南に一海を渡る 1000 餘里、名は瀚海（瀚海 hànhǎi、朝鮮半島の西の海）一大國（壱岐）に至る。また、官は卑狗、副は卑奴母離、周囲 300 里、竹木草むら林が多くある。

又渡一海千餘里至末盧國有四千餘戸濱山海居草木茂盛行不見前人好捕魚鰒水無深淺皆沉没取之。

南に一海を渡る1000餘里、末盧國（漢音 Mòlú guó、肥前松浦郡）（上陸地点は松浦［唐津湾］松浦川の河口）に至る4000餘戸有る山と海の間（濱）に住んでいる草木茂盛り前を行く人も見えない。魚や鮑を捕るのを好む水の深淺は無く皆潜って之を取る。

東南陸行五百里到伊都國官曰爾支副曰泄謨觚柄渠觚有千餘戸世有王皆統屬女王國　郡使往來常所駐。

東南に500里陸行すると伊都国に至る。官は爾支（漢音 Ěrzhī）、副は泄謨觚柄渠觚（漢音 Xiè mógūbǐngqúgū）、1000餘戸有り一代の王が有る皆、女王国を統属する。往來する郡使が常に駐（留まる）所。

東南至奴國百里官曰兕馬觚副曰卑奴母離有二萬餘戸。

東南に100里至ると奴国が有り、官は兕馬觚（漢音 Sìmǎgū 倭音 Somashi）で副は卑奴母離（Bēinú mǔlí、倭音 Aborijini）です。2万餘戸あります。（2万餘戸の奴国は筑後川を挟み倭国で最も大きな集落です。ここに卑弥呼の宮殿があります）。

金印の「漢委奴国王」は奴国の王に任命（委）すると卑弥呼に授けています（魏から授かりますがこの時は既に明帝叡の世になっています。権力者は母の文郭皇后です。奴国と表記し邪馬壹国と表記されていません。まして邪馬台国は明らかに違っています）。

東行至不彌國百里官曰多模（倭音 Duōmó）副曰卑奴母離有千餘家。

東に100里行くと不彌國に至る。官は多模で副は曰卑奴母離です。1000餘家があります（不彌国は1000餘家があると記載しています。海部の宮浦郷までに集落があります。不彌国は朝鮮半島に浦上八国、今の庆尚南道西南地区で後の倭人の国、伽倻国です。不は漢語でBù、福岡の福はFú、福建省は古代は福州と呼ばれていた）。

　南至投馬國水行二十日官曰彌彌副曰彌彌那利可五萬餘戶南至邪馬壹國女王之所都水行十日陸行一月官有伊支馬次曰彌馬升次曰彌馬獲支次曰奴佳鞮可七萬餘戶。

　南に水行20日で投馬國に至るは、福岡博多湾、宮浦、船は宮浦を出て東に行きます。関門海峡を南下して本州寄りに南の宇和島に沿って足摺岬を周り、南国土佐の濱から100米〜200米の沖を行きます。それ以上に沖を行くと鯨や鮫に海豚、たまには鯱も現れます。鯨は好奇心が強く行船に寄ってくるので危険な生き物です。海に転落すれば直ぐに鮫の餌となり外海は非常に危険が満ちています。岸近くに行くと汐の満ち引きによる隠れ磯がありますから適当な距離を保ちます。見えない夜間の航行は自殺行為です。漢越から渡ってきた白水郎が主に海運にあたります。既に弥生期は構造舟で屋根があり船上生活も行われていました。海運は奴国の東、不彌国現福岡市博多区にあった屯倉三宅（比恵遺跡）からの租税、その他の物資、沿岸途中の市（交易）も含め大倭に向かいます。それが当時の主航路です。大倭の使者は陸沿いに倭に来るから現場を知らないかも知れません。

　当時、船の役目は大量の荷物を運ぶ手段ですが近海では人を運んだかもしれません。倭の使者が帯方郡で話したのは宮浦からの出発でなく帯方のソウルから出発すると仮定した話です。冬の日本海は波が荒く例え波が穏やかでも急変し竜巻も発生します。春にならなければ日本海を渡ることはできません。倭国の松浦、唐津湾に入り又出るときは福（Fú）、博多（宮浦）から東に関門海峡を抜けて南下すると太平洋側に入り船旅

の季節は五月に入ってきます。室戸岬を北に行くと投馬國は土佐泊です。四国で一番大きな港町で今の徳島市です。投馬は倭語で投馬、漢語は鳥羽と云います。木簡に投馬の文字を表記したかも知れません。官は彌彌（漢音 Mí mí 倭音 Mi Mi）で副は彌彌那利可（漢音 Míminàlikĕ）です。5万餘戸ほど、と云いますが大都市です。ここにも吉野川があります。胡越の人が渡来し交易と農業を行った、平野部の広さから5万餘戸の自給自足は難しく、漁業、交易その他の海運かもしれません。邪馬壹國は所女王之都。邪馬壹の女王は卑弥呼だと二十四史にはどこにも記されていませんがなぜに邪馬壹国の女王は卑弥呼でしょうか。之所都の文章を場所と決めつけてしまうと混乱が生じます。…之所…は様々な表現があり、そのうえ魏の古漢文です。一つの例ですが被と所は併用しますが所は書き言葉で一つは邪馬壹国が女王之都かはっきりしない。行為者がはっきりしないときに用いられます。ところの意味は所属を表しています。…之所以…「以」一文字書き加えるなら邪馬壹国の女王と書かれている文章でも使えるかもしれませんが、日本の古文でも所の文字でなく処を使います。

　風土記でも随所に「所以」と二文字で使われています。場所を表すのは処の文字を使っていますから参照してみます。

　「所都」は現代語で主要都市（東京、名古屋、大阪、福岡等）の名前を表します。仏教用語で「如来所都」もありますが意味が違います。

　所在を表す文章の参考です。山東琅琊、古東海地名、紀元前2460～2430年古帝王「有巣氏」所都之処（有巣氏的「五行」排行是東方木帝、請参閲本百科詞条「三皇五帝年表」）是に当てはめてみます。「邪馬壹國」女王「所都之処」となり所はところ（所属）で処（[処、處]住む、居住する）が場所になり、この形式で古代の文法が書いてあるのなら卑弥呼の国は邪馬壹國で間違っていないと思います。魏の文書、所の文字を場所と決めつけ日本語の訓読みで解釈するのは無理があります。まして訓読みで魏の文章を判断するのは危険ですし通じるはずがありません。

　もっと困ったことは邪馬台国と書き換えてしまったことです。臺から

台なら発音は（Tái）タイと発音しますが、台を（Tāi）タイと発音すれば全く意味が違ってきます。日本人の発音は二声なのです。タイと発音すれば地名人名になってしまいます。古文を書き換えることは危険な事です。大げさに言えば所、臺の読み間違いで混乱を招いています。

　奴国の女王の朝貢者が表現する女王之都の話に陳寿（238～297 年）は被っているのではないかと疑われます。

　南に水行 10 日（投馬から鳥羽志摩）そして陸行一月かけ邪馬壹国（邪は汚い言葉のヤ、怪しげな、壹は壹です。始を表します。後漢書に書かれている臺は遠望ができる高台、高殿）に至る（投馬を出港し淡路島の南に在る沼島沖から紀淡海峡を渡り紀州から南下します。日御碕を過ぎればそこは南海熊野灘です。上陸地点は書く必要のない志摩か鳥羽ですが、記載がないのは不自然ですが投馬も鳥羽も同じ意味なので書く必要がなかったのでしょうか。上陸し伊勢を経由し邪馬壹國を目指します。奈良の桜井纒向の都ですが鳥羽から邪馬壹國、漢音 Xiémǎtái guó 倭音 Yamayikoku、漢蒙語 Yamatai、漢越語 Yamatai まで一月かかる陸行は六月の梅雨に入り豪雨地帯の大台ケ原近郊です。殆ど宿で足止めされて少ない晴れ間を陸行です。多数の荷役の移動は雨中の中走行することはできません）。

　なぜ、沼島（倭音 Nu shima）からそのまま紀州の吉野川（紀の川）を経由し奈良に進まないのか。疑問は残ります。邪馬壹国に古代、吉野川は魚を運ぶ重要な経由地です。魚を運ぶ船より奴国から来る船は大きくて吉野川を通ることはできなかったかもしれません。

　奴国で収穫した大量の穀物は秋に船で運びますから、雨季でも大倭を訪ねるのは何用でしょうか。

　船から大和に届ける大量の荷物は濡れては困るし、運ぶのも人海戦術でしょう。わからない推測はするべきではないでしょう。

　陳寿の『三国志』には外夷の国を記すとき極端なほど蔑視の目で記しています。秦に魏にしても中原で建国するのは中原以外の民族が多いのですが、ここまで見下すと呆れてしまいます。拾ってみますとはじめに狗邪韓国の狗邪、對海國其大官の卑狗、副卑奴母離の卑狗、卑奴、一大

國官は對海國と同じ、東南至奴国の奴、(奴、漢音 Nú 女、漢音 Nú 女国を奴国と記しています)、不彌國で卑奴母離、邪馬壹国の邪、奴佳鞮可の奴、女王国に属する国、伊邪国の邪、彌奴国の奴、姐奴国の奴、蘇奴国の奴、華奴蘇奴国の奴、鬼国の鬼、鬼奴国、邪馬国の邪、奴国、南にある狗邪國の王、狗古智卑狗、狗邪狗卑と四つ…切りがありません。古文で内容も粗く普通の文書と理解するのにはどうします？

多の項の文章が名や地名が正確に書かれているだけに、雑な文書の処理にはなぜなのかと疑問が残ります。

官有伊支馬次曰彌馬升次曰彌馬獲支次曰奴佳鞮可七萬餘戸。

ここでは、漢音 Yīzhì yě と聞こえませんか。出雲臣ならなぜ、奈良には多くの杵築神社（出雲大社の前の名）があるのか説明もつきます。次に彌馬升（漢音 Mímǎshēng）次に彌馬獲支（漢音 Mímǎhuòzhī）次に奴佳鞮（漢字 Nújiādī）、7万餘戸なり（7万餘戸が暮らせる平野は倭国［北九州］にはありません。これだけでも邪馬壹は倭ではありません。奈良桜井の纏向も7万餘戸、40万人以上の人が自給自足できる平野は見当たらず、大きな川も無く山に囲まれているので暮らしに必要なものは外から補給しなければなりません）。

この地は建物も多く都があったとしか考えられません。地図を見れば纏向の宮殿を中心に都の様子がわかります。邪馬壹（Xiémǎyī）国は『後漢書』では邪馬臺国と記載されている。臺とは遠望が利く高台、高殿を表しているから山の高台、山の高殿（纏向宮殿）をヤマタイと言ったかもしれません邪馬壹の壹はここが壹番目の壹かも知れません。別に考えれば伊都の伊は漢音 Yī、壹の漢音 Yī、同じ発音です。邪馬壹国、邪馬臺国と拘ることはありません。ここに纏向宮殿を中心とした大都市が存在したことです。

古文書に邪は是秦始皇東巡所到之地、立「琅邪刻石」之処と記されています。

又、邪の発音は、yé は耶、yá は「玡」、琅玡山、yú は餘、不 xú は徐

と同意語です。多分 yá でしょう。もし邪が当て字の徐 xú なら平行山、ここが壹（一の大字）の国だと表現しています。多くの国の初め、中心、一番大きい国、そんなところでしょう。邪は古文では末路の地ともいいます。

自女王國以北其戶數道里可略載其餘旁國遠絶不可得詳次有斯馬國次有己百支國次有伊邪國次有郡支國次有彌奴國次有好古都國次有不呼國次有姐奴國次有對蘇國次有蘇奴國次有呼邑國次有華奴蘇奴國次有鬼國次有爲吾國次有鬼奴國次有邪馬國次有躬臣國次有巴利國次有支惟國次有烏奴國次有奴國此女王境界所盡

自らの女王國の以北はその戶數の道里（わけ）を記載することができ、その餘（私）近く遠く詳しくわからない国を得て、有斯馬國（漢音 Yǒu sī mǎ guó）己百支國（Jǐ bǎi zhī guó、己百之國）伊邪國（Yī xié guó）郡支國（Jùn zhī guó）彌奴國（Mí nú guó）好古都國（Hǎo gǔdū guó）、不呼國（Bù hū guó）、姐奴國（Jiě nú guó）、對蘇國（Duì sū guó）蘇奴國（Sū nú guó）呼邑國（Hū yì guó）華奴蘇奴國（Huá nú sū nú guó）鬼國（Guǐ guó）爲吾國（Wèi wú guó）鬼奴國（Guǐ nú guó）邪馬國（Xié mǎ guó）躬臣國（Gōng chén guó）巴利國（Bā lì guó）支惟國（Zhī wéi guó）烏奴國（Wū nú guó）、女王の境界の盡きる所。

其南有狗奴國男子爲王其官有狗古智卑狗不屬女王自郡至女王國萬二千餘里男子無大小皆黥面文身

その南に男子王の狗奴國（犬より劣る奴婢と酷い言葉）で、官は狗古智卑狗（漢音 Gǒu gǔ zhì bēigǒu 卑狗は彦）が有る。女王に従わない。自らの郡に至るのは萬二千餘里で女王国の皆（女、漢音 Nú）は大小の黥面文身で男子はない（ここの訳は難しく、古文なので現代文の配列に若干違いがあります。北方遊牧民だけではなく、どの程度かわかりませんが、奴や兵士に文身［刺青］を

します。烏丸は奴が多く刺青の女性は多かったとの説もあります。黥面は台湾の少数民族に受け継がれ今も行われていますが違うようです。額に書かれているのが一般的です。必ずすべての奴が黥面ではありません。額に入れているので髪を崩せば目立たないでしょう。海で作業する人達の刺青は危険防止で目印の刺青と違い、いかにも全員が刺青をしていると書かれていますが過大解釈です）。

自古以來其使詣中國皆自稱大夫夏后少康之子封於會稽斷髮文身以避蛟龍之害今倭水人好沉没捕魚蛤文身亦以厭大魚水禽後稍以為飾諸國文身各異或左或右或大或小尊卑有差計其道里當在會稽東冶之東

古くからその使、中国に詣でるや皆、自稱大夫だと称す。夏朝第六代少康之子會稽（會稽郡 kuài 中国古代郡名、長江江南一帯、春秋時の長江以南は吳国、越国です）に封じられる。直訳では何となく無理を感じるので夏王朝第六代の少康は別称を杜康、華夏族（在位期間紀元前 1840 ～紀元前 1880・前 1972 ～ 1912）之子に會稽で官職を授かった末裔の自稱大夫だと称す、封は封ずる（官職を授かった）の意味だと思います。

斷髮と文身は蛟龍(大きな太刀魚)之害を以て避ける。今、倭水人(白水郎、白水人) 好んで潜り魚蛤を捕る刺青は又大魚水禽（鮫、鴎）厭がる。以って（ここは烏、越の集落です）次第に以て飾りと爲が諸国の刺青は各異なり、或いは左、或いは右、或いは大きく、或いは小さい、尊卑の差あり、（これは雇主と使用人の関係を示しています）その道理を当たると會稽は東冶（官署名「中国歴代官称辞典」）の東に在る。

其風俗不淫男子皆露紒以木緜招頭其衣橫幅但結束相連略無縫婦人被髮屈紒作衣如單被穿其中央貫頭衣之種禾稻紵麻蠶桑緝績出細紵縑緜

その風俗は淫らではなく、男子は皆、露紒（裾の長い衣類をいう、他の解釈多し）木綿を以て頭に招（Zhāo は着 Zhāo と同じ）、その衣は橫幅、しかし結束し連ね、縫うは無い。婦人は髪を屈し結う。衣は単被の如くその

中央を穿ち、頭を貫き衣、之、種は禾稲（稲谷 Dàogǔ もみ）、紵麻（漢音 Zhùmá 多年生草本植物）、蚕桑（養蚕用のクワ）、緝績（緝は単独では用いない、[『後漢書』・逸民伝・梁鴻]:｢女求作布衣、麻屨、織作筐緝績之具｣）出細紵縑緜（苧麻繊維で織った布、暖かい地方で産出）、縑緜は細い絹糸を綿状に丸めたもので緜は綿と違う。この文章では禾稲、苧麻は中国（湖南省、湖北省、江西省、四川省、浙江省他）百越地方から渡来した胡越の人（白水郎・白水人）が既に奴国の筑後川の水で稲作を始めていたことになります。紵麻はラミーと言って吸湿・発散性に優れ越国（福井県）の遺跡からは縄文期のものも発見されています。特に弥生時代には現在でも再現が難しい高度な織物が作られ遺跡から出土し絹糸も生産しています。

既に胡越の人によって形地が完成している奴国に卑弥呼一族と烏垣（からすま、古丸）の女性達が戦火を逃れ入植者として渡来し、その中には額に刺青をされた奴婢も逃れ渡来しました。曹操は卑弥呼を支援（盟友袁紹を倒し卑弥呼、劉夫人を無事に九州奴国に送り込む）し、辺境の地、倭国に渡る宝物まで与えます。纏向の大王は奴国を属国とし、奴国から多くの生産された品々を庇護の代償、税として徴収しています。

其地無牛馬虎豹羊鵲兵用矛楯木弓木弓短下長上竹箭或鐵鏃或骨鏃所有無與儋耳朱崖同倭地温暖冬夏食生菜皆徒跣有屋室父母兄弟臥息異處以朱丹塗其身體如中國用粉也食飲用籩豆手食

その地には牛、馬、虎、豹（北支那豹）、羊、鵲（かささぎ）は無く、兵は矛楯、木弓を用いる。木弓は上が長く下が短い竹箭（竹矢）、或いは鐵鏃（鉄やじり）、或いは骨鏃（骨の矢じり）を所有し策略を興す。儋耳（今海南儋州市三都）朱崖（海南省 海口市）と同じ倭の地は冬も夏も温暖で、生菜を食し皆、徒跣（裸足でさまよう）、家屋の室、有り父母兄弟異なる處で臥息する。その身體に朱丹を塗が如き以って中國用粉也、食飲用籩豆（竹で編んだ高坏）手で食べる。奴国で牛、馬は見ないだけで既にいたのではないか。

其死有棺無槨封土作冢始死停喪十餘日當時不食肉喪主哭泣他人就歌舞飲酒已葬舉家詣水中澡浴以如練沐其行來渡海詣中國恆使一人不梳頭不去蟣蝨衣服垢汚不食肉不近婦人如喪人名之爲持衰若行者吉善共顧其生口財物若有疾病遭暴害便欲殺之謂其持衰不謹出眞珠靑玉其山有丹其木有柟杼豫樟楺櫪投橿烏號楓香其竹篠簳桃支有薑橘椒蘘荷不知以爲滋味有獮猿黑雉

その死、棺有る。槨（棺を蓋う、外棺）は無く土を封じて家（越の墓は丸く盛る）を作る。始に死から、亡くしてから10餘日置いておく。當時、喪主は食肉を不食、哭泣（すすり泣き）を就（する）。他人は歌舞飲酒就く已の葬舉家（家族葬）は水中に澡浴（洗い浴びる、沐浴）を詣で、以ってその行は練沐（沐浴に列をつくる）の如し、渡海して來たり。詣でる中國の恆使（使いは永続、根気よく）一人で、頭梳（櫛、すく）不ない、蟣（虫の卵）蝨（虫）は取り去るが衣服は垢で汚れ、不食肉、不近婦人、喪人名の如、之、持に衰（衰弱）を爲。若行者（組織的な百姓）吉善（吉祥、良善）共に顧う。その生口、財物を若（お前達は）有る疾病に遭い暴害、便（たとえ…しても）欲で殺しても、之は謂（…という、言う）その持の衰弱は不可能。謹んで眞珠靑玉を産出。その山に丹が有る。其に木も有る柟（楠）杼（栃、とち）豫樟（樟木）楺（弯曲で使う木）櫪（櫚）投橿（樫）烏號（桑）楓香（楓）その竹は篠簳竹名。「張衡・南都賦」桃支（桃子）有り。薑（生姜）橘（橘）椒（山椒）蘘荷（茗荷）、以って滋味を不知（知らず）。猿、雄の黒雉有る、獮（秋の狩猟）を爲。

其俗舉事行來有所云爲輒灼骨而卜以占吉凶先告所卜其辭如令龜法視火坼占兆

その俗、舉事（武装蜂起）、行来有る所を云い、すれば直ぐに爲、骨を焼く而して卜（占）吉凶を占い先ず告げる。その卜は中国の占いの令亀

法に似る火でできた裂け目を見て、兆しを占う（この占いをするのは宗家の女性で踊りも上手と言われています）。

其會同坐起父子男女無別人性嗜酒見大人所敬但搏手以當跪拜其人壽考或百年或八九十年其俗國大人皆四五婦下戶或二三婦婦人不淫不妒忌不盜竊少諍訟其犯法輕者沒其妻子重者滅其門戶及宗族尊卑各有差序足相臣服收

それ同席で席順は父子男女の差別なし人の生涯。酒を嗜み大人に勧めを爲。激しく手を打ち鳴らし、以て當、跪まずき、拜す。その人長寿を或いは100年、或いは8、90年を考える。その俗、国の大人は皆四、五婦、下戸も或いは二、三婦である。婦人は淫らではなく妒忌（嫉妬）せず。盗窃せず、諍訟少なし。その法を犯すや、軽き者はその妻子を没し、重き者はその門戸および宗族（宗族 zōngzu 人類学術語、一種の社会の単位）、生存と安全の目的のために、幾つかの核家族（総人数は大抵30〜50人を超えない）で構成する。宗族は合併ができて大部落（tribe）になる事もあります。部落には結婚式、狩りのイベントをする。共同の祖先を持っている人の集合は、普通同じ土地で大きい村落を形成し、適当な部族概念に属する。似ている用語はまだ「家族」がある。時に「宗族」は「家族」と互に混乱し使われています。一つの宗族を普通に表すのは一つの氏を名乗ります。尊卑に各々差序（順序）あり、相、臣服（臣服する、臣下として従う）を収める。ここで重要なのは「國大人皆四、五婦下戸或二、三婦」です。妻以外に多数の婦人（既婚者又は成人の女性）の耕作人、絹織物に養蚕に従事する人が奴国で働き尊卑に差が有るというのは、一つの家族が多数の耕作人を使っている図式が見えてきます。

租賦有邸閣國國有市交易有無使大倭監之自女王國以北特置一大率檢察諸國諸國畏憚之常治伊都國於國中有如刺史王遣使詣京都帶方郡諸韓國及郡使倭國皆臨津搜露傳送文書賜遺之物詣女王不得差錯

租賦（租税）有り。国の邸閣國（諸説あり。屯倉、宮家、三宅［倉庫群］国、場所も伊都と奴国の中間、現福岡市）有り、市と交易は有るが大倭（漢音 dàwō）之監使者では無い（大倭の影響は受けず恰もこの地が中心部と朝貢時、相手に説明しています）。自らの女王国以北は、特に一大率（一大概、概ね一つ）を置き諸国を検察し、諸国これを畏博（畏懼、亦は敬畏）す。常に伊都国に治し、国中に刺史（州の長官）於如き有り、王遣使（○○王遣使と記し王名無しは不自然）王、使者を遣わし京都、帯方郡、諸韓国（東に遼東半島の遼東郡、楽浪郡、帯方群、馬韓、東側は楽浪郡の西は東濊、濊、辰韓、西に弁韓）に詣でる。郡使（行政官）及、倭国、皆、臨津搜露（臨津は中国の旧県名、臨津閣［イムジンガク、韓国語：임진각］です。搜露は漢音で Sōulù、ソウルで帯方郡の旧名、（a）大鳳山郡（b）安岳郡（c）ソウル説（d）広州説です。（e）ソウル説が当て嵌まります。倭人伝は当て字が多くこれもその一つです。漢字でソウルを漢城、首爾です）で遺之物、詣で文書を賜り女王に伝送（［知らせを］伝える）する、差錯（間違い）を不得（してはならない）。

　下戸與大人相逢道路逡巡入草傳辭説事或蹲或跪兩手據地爲之恭敬對應聲曰噫比如然諾其國本亦以男子爲王住七八十年倭國亂相攻伐歷年乃共立一女子爲王名曰卑彌呼事鬼道能惑衆年已長大無夫壻有男弟佐治國自爲王以來少有見者以婢千人自侍唯有男子一人給飲食傳辭出入居處宮室樓觀城柵嚴設常有人持兵守衞

　下戸（大戸、上戸、中戸、下戸、最下級の人）は、大人（年寄り、長老）と道路で相逢えば逡巡（躊躇）して草に入り、事を説き伝えは辞する。或いは蹲り、或いは跪き、両手は地に據（依る）る。之れは、恭敬（礼儀正しく丁寧である）を為す。對應聲（返事を返す）曰噫（悲しみや嘆息を表す、ああ…）比するに然諾の如し。
　その国本、また男子を以て王と為す。7、80年、倭国乱れ、相攻伐すること歷年、乃は「康熙字典」に解釈は多々あると記され、再度、重複、

一つの系列を示します。共立は古代の立ち姿勢で、体を僅かに曲げ恭敬を表します。一女子爲、王名を曰く卑弥呼、事、鬼道（鮮卑鬼道）で衆を惑（迷）わす才能（能力）がある。能惑は誘惑に近い言葉です。ここは卑弥呼なら鬼道で民衆を治めることができると解釈します。

　今の人も惑の解釈に惑わされているかも知れません。陳寿は魏の人、卑弥呼は曹操に追われ（形だけ）、漢族に助けられ倭に来ています。魏は仏教ですから辺境の地である倭、卑弥呼の鬼道を蔑視し怪しげな宗教と感じ正しく評価するより詳しくはわからない筈です。なぜなら年代が違っていて鬼道の年代は魏の前、漢の時代の話です。

　已年（老年に近く）に情感ある、夫（夫埼）は無く弟は自ら佐治（治めるを助ける）（漢音 Zuǒzhì、佐賀、志賀島か）國の王（須佐烏尊）と爲、以来（…するために）有見者を少なく、自ら婢（はしため、下女）1000人を以て唯、侍（世話をする）男子一人有り。飲食を給し、居処の出入を辞するのを伝える。宮室は帝王の宮殿、樓觀は大きく見える建物、厳しく城柵を設け常に守衞を待(たい)ち、人有（男兵でなく文身女兵士でYamatoが奴国を警戒しその不信感を除く一つの方法です）り。男子一人に世話をゆだねるのは見方を変えれば軟禁状態に置かれています。外部から不明の敵、大和から信用されていない卑弥呼の厳しく置かれている姿が浮かび上がります。

女王國東渡海千餘里復有國皆倭種又有侏儒國在其南人長三四尺去女王四千餘里又有裸國黒齒國復在其東南船行一年可至參間倭地絶在海中洲島之上或絶或連周旋可五千餘里

　海1000餘里の海、東渡（倭に渡る）女王國、復有國（漢音 Fùyǒu guó、複雑な国、福岡）皆倭種、又、有侏儒國（漢音 Yǒuzhūrú guó、小人國）が在り。その南人、三四尺に成長する、女王4000餘里去る。又有る裸國、黒齒國(帛琉、倭音 Parao、黒齒是は中国大陸部分地区、日本、越南、東南亜、印度一些太平洋島屿（小島）如帕劳、雅浦島、馬里亜納(マリアナ)群島等地区民族的伝統的風俗、パラオから海流に流され本州島の近海に着き富士山を目指して上陸)。それは東南に船行

74

一年可で至り復（帰っても）在る。倭の地に参間（間があり参ずる）するにはこれ絶洲島は海中の上に在り或いは絶え或いは連なり。周旋は5000餘里可なり。

　古代人は航海術が優れていると聞くことがありますが、アフリカの平原を自転車で走っているようなことはしません。事故に遭わないのは運が良かっただけです。海では目印（山見、山立て）が無ければ直ぐに漂流します。当時は底まで見えない海ほど恐ろしいものは無かったのです。

　景初二年六月倭女王遣大夫難升米等詣郡、求詣天子朝獻太守劉夏遣吏將送詣京都。其年十二月、詔書報倭女王曰制詔親魏倭王卑彌呼帶方太守劉夏遣使送汝大夫難升米、次使都市牛利奉汝所獻男生口四人女生口六人班布二匹二丈、以到
　汝所在踰遠, 乃遣使貢獻、是汝之忠孝、我甚哀汝。今以汝為親魏倭王、假金印紫綬、裝封付帶方太守假授汝。其綬撫種人、勉為孝順。

　この年、景初2年（238年）6月、倭女王（ここでも倭の女王です。倭は邪馬壹国ではありません）、遣す大夫（古代の官職、卿の下、士の上の位）難升米（漢音 Nánshēngmǐ）等、郡に詣でる。天子（延熙［238年〜257年］）は朝獻（朝献）の詣でる求め、太守(郡の長官)劉夏遣吏將を京都(中国歴史上統一王朝の首都、都、都城、国都、京城）に送る。
　その年の12月に詔書に報じて倭の女王、曰く親魏倭王卑彌呼に制詔（制度を告げる）する。帶方太守劉夏（劉姓の史記『漢書』、［通志･氏族略］和［中國姓氏］所載、劉姓の起源は主要有三支：祁姓、姫姓、外族の改姓、又、劉姓は卑弥呼と近い）を遣わす。汝大夫、難升米（漢音 Nánshēngmǐ）を使者とし送る。次の使者、都市牛利（漢音 Dōu fú niú lì）を送り汝が獻ずる所、男生口4人、女生口6人、班布2匹2丈、以て至る（生口の朝貢は鮮卑が行っていた）。
　汝の所在は踰遠（超遠、遠すぎる）乃（再度）使を遣わし貢獻（貢献）する。是、汝之忠孝とし我、汝を甚だ哀れむ。今以って汝を親魏倭王（金印は漢委奴

国王と記されています。授かったのは魏ですが明帝叡から授かります。卑弥呼の孫、卑弥呼の次男煕の妻郭夫人が曹丕の后になり実権は文郭女王が握っており、袁紹の兄、袁基は漢の高官で袁家は漢の名門）と爲、（作者陳寿は卑弥呼を知っている）金印紫綬を假に汝に裝封し帶方太守に付し假授（仮に授ける）、それ綏撫種人（平安に扶養する様々な人）は勉めて考順（親孝行をする、旧時尊長死后在一定時期内遵守的礼俗）を爲せ。

中国の文章からは

景初二年（二百三十八年）明帝下詔命太尉司馬懿司馬懿出兵征討遼東、朝中商議派出司馬懿統兵四萬兵馬過多、開支糧草難以維持、抵達遼東後因大雨連綿、無法展開對公孫淵的攻勢。朝中群臣又議論應該傳令讓司馬懿退兵。明帝不為這些議論所動、後來果真如此。遼東叛亂被平息、諸郡重新歸屬於朝廷。

六月、曹叡（明帝叡）賜予日本卑彌呼金印、封其為「親魏倭王」、曹叡的健康開始惡化。之後、密遣帶方太守劉昕、樂浪太守鮮于嗣越海定二郡、諸韓國臣智加賜邑君印綬、其次與邑長。

と記載されています。

汝來使難升米牛利渉遠道路勤勞今以難升米為率善中郎將牛利為率善校尉假銀印青綬引見勞賜遣還今以絳地交龍錦五匹、〔一〕絳地縐粟罽十張蒨絳五十匹紺青五十匹答汝所獻貢直又特賜汝紺地句文錦三匹細班華罽五張白絹五十匹金八兩五尺刀二口銅鏡百枚真珠鉛丹各五十斤皆裝封付難升米牛利還到錄受悉可以示汝國中人使知國家哀汝故鄭重賜汝好物也。

汝の使、難升米、牛利渉（漢音 Niú lìshè）は遠道（遙か遠い道）路を、勤勞す。今、以て難升米は率善中郎將を爲。牛利は率善校尉を為、仮の銀印を青綬（古代高官の印綬）する。引見し勞（ねぎらう）、賜り遣いを還す。今以、

きんべん

76

深紅色の地に交龍錦を5匹（反物を数える単位）、〔一〕深紅色の地に縮緬(ちりめん)粟の罽（手織りの絨毯類）を10張、蒨（茜）絳（深紅）50匹、紺青50匹、答は汝の所に直ちに獻（献、贈貢）する。

又特賜汝紺地句文錦三匹細班華罽五張白絹五十匹金八兩五尺刀二口銅鏡百枚真珠鉛丹各五十斤皆裝封付難升米牛利還到錄受悉可以示汝國中人使知國家哀汝故鄭重賜汝好物也悉可以示汝國中人使知國家哀汝故鄭重賜汝好物也。

又特に汝には、紺地句文錦（赤紫の地に曲紋が有る織綿）3匹、細班華罽（細い並んだ花柄手織りの絨毯）5張、白絹が50匹、金が8兩、5尺の刀が2口、銅鏡が100枚、真珠、鉛丹（光明丹）各50斤、皆裝封し難升米、牛利に付し目録を受け取り還り到る。悉く以て汝が國中の人に示せ、使者として國家に知らす汝を哀れむ。故に鄭重(ていちょう)に汝の好物(ことごと)を賜る也。

臣松之以爲地應爲綈漢文帝著皁衣謂之弋綈是也。此字不體、非魏朝之失、則傳寫者誤也。

官史の松、之を以て厚い絹織物の現地應援を爲。漢文帝が着ている是は糸弓（矢に糸が付いて鳥等を射る）の黒い絹織物の衣服を言う也。これ字體（字体）でない、魏朝の時に失くしたにあらず、是は傳寫者（模写した人）誤り也。

正治元年、太守弓遵遣建中校尉梯儁等奉詔書印綬詣倭國、拜假倭王、并齎詔賜金、帛、錦罽、刀、鏡、采物、倭王因使上表答謝恩詔。其四年、倭王復遣使大夫伊聲耆、掖邪狗等八人、上獻生口、倭錦、絳青縑、綿衣、帛布、丹木、拊、短弓矢。掖邪狗等壹拜率善中郎將印綬。其六年、詔賜倭難升米黃幢、付郡假授。其八年、太守王頎到官。

正治元年（240年）・魏正始4年（243年）倭王の派遣を受ける。太守弓遵、遣建中校尉梯儁等を遣わし、詔書印綬を頂き倭國に参詣する。倭王に假礼拝する。詔を齎し并て金、帛、錦罽、刀、鏡、采物、を賜る。使いは詔で上奏書を提出し倭王は応じ恩に感謝する。それから4年、倭王再び使者、大夫伊聲耆（漢音、yīshēngqí）遣す。生口、邪狗等を掖て、8人を上獻（上献）する。倭錦、絳青縑、綿衣、帛布、丹木拊（打つ、たたく）、短弓矢、邪狗等掖て壹拜（挨拶を交す）率善中郎將が印を綬かる。それから6年、倭の難升米は詔を賜る。黃（黃は自分達が伝説上の帝王"黄帝"子孫である）幢（旗）黄色い旗も付し郡に假授する。それから8年、背が高く逞しい太守王（一番身分の高い人）が外交官だ。

倭女王卑彌呼與狗奴國男王卑彌弓呼素不和遣倭載斯烏越等詣郡說相攻擊狀遣塞曹掾史張政等因齎詔書黃幢拜假難升米為檄告喻之卑彌呼以死大作冢徑百餘步狗葬者奴婢百餘人更立男王國中不服更相誅殺當時殺千餘人復立卑彌呼宗女壹與年十三為王國中遂定政等以檄告喻壹與、壹與遣倭大夫率善中郎將掖邪狗等二十人送政等還、因詣臺獻上男女生口三十人貢白珠五千孔青大句珠二枚異文雜錦二十匹。

倭女王卑彌呼は狗奴國男王の卑彌弓呼と素より不和で與（通常の遣り方では駄目）す。遣倭遣す1年以上かけ説得する。烏垣族、胡越族等の郡に詣で相攻撃の状況を說明する。遣塞曹掾史（漢、地方の官位、官署、三公九卿に依る）張政（三國官史）等、因齎に（よって恨みを抱いて死する）（折節過於漢舊然烏丸鮮卑稍更彊盛亦因漢末之亂中國多事不遑外討故得擅漢南之...詣郡說相攻擊狀遣塞曹掾史張政等因齎詔書黃幢拜假難升米為檄告喻之卑彌呼、『三国志』の別の項に記載している）書を詔す、黃旗を仮に拜じる。難升米檄告為、之を喻す。以って卑彌呼は死す。大作冢、100餘步の徑、狗（犬畜生）葬者、奴婢100餘人、（葬者が酷すぎる）更に立つ男王（倭健、素戔烏）國中不服、更に相、誅殺、當時千餘人を殺す、還し立てる卑彌呼の宗女（宗家族の劉、漢の皇族の血を引く）壹與（壹の国を興す）、歳は13（北周から早婚早育、男子

15才女子13才、男子正装、女子も正装で列を組み踊り、男子が隊列で踊っている女子を選びます。北周武帝公元［543～578年］は政策に掲げます。武帝は鮮卑族ですが中国では武皇帝と名乗りますが出身は代郡［内蒙古武川西］の出身です）為王、國中遂定（思うように定める、成し遂げる）、政等（この事務に関わった人達）檄告（触れ文を告げる、命令告げる）を以って壹與を喻（説明する、わからせる）す。壹與は倭大夫率善（漢音 Lǜ shàn）中郎將を遣し掖邪狗（漢音 Yē xié gǒu）等20人送り政等を還す。古い仕来りを踏襲し、臺（邪馬臺国でしょうか）に詣でる。献上する男女生口30人、貢ぐ白珠5000、孔青（穴の開いた緑色）大句（越の大王の名を表現）珠2枚、異文雜錦20匹。

評曰：史、漢著朝鮮、兩越、東京撰錄西羌。魏世匈奴遂衰、更有烏丸、鮮卑、爰及東夷、使譯時通、記述隨事"豈常也哉！〔一〕

評曰：史、漢は朝鮮と関係がある。兩越、東京撰錄の西羌、魏の世、匈奴を遂し、衰しが有り更に及し烏丸、鮮卑、爰、及び東夷（爰女人有）、使は時に通ずる翻訳をする、記述は隨事、豈（どうして…か）常に哉（ああ悲しいかな）！〔一〕

読み終わり豈常也哉！　いつの世も変わりません。ここで気が付いたのは、魏使が倭の奴国までしか来ていないこと。理由はここまでに到達している地形、植物の観察、倭水人（白水郎）を詳しく記しています。卑弥呼が亡くなってからではなく、生存中に宋女壹與が13才なら卑弥呼老年の御子になります。宋女なら卑弥呼の御子しか考えられません。筑紫平野を巡って絶えず部族の争いが絶えなかったはずです。卑弥呼晩年ではなく早く壹與は仲哀天皇と倭国をおさめた。これなら年代にそって説明ができます。

　倭から朝貢する使者も奴国の話を詳しく各自が帯方郡のソウルで話しています。話が一貫していなくて内容も統一していないので聞き取った話ですが、しかし大倭と邪馬壹国の話題が重複し、奴国の使者か大倭の

使者かわからなくて、いかにも奴国が日本の代表であるように話をしていますが、大倭の屯倉の話が不自然で怪しまれています。

　倭国を出ると投馬国、次の鳥羽、伊勢、大倭（邪馬台国、『後漢書』では伝統大王居る）の話が出てこないのはこれも不自然すぎます。大都市の大和を詳しく記載していないのは魏、後漢の人達は訪ねていない証と本州島の出来事に関してはわからない、もしくは知らないでしょう。これでわかる通り奴国を中心とした話で北九州が物語の舞台です。

　卑弥呼亡き後は倭なりの権力争いが有り、漢に通ずる交易の利権は後の世まで、大倭も皇位継承の嵐は吹き荒れ多くの人が争い、人の世である限り、これらを考えずに物語を進めることはできません。

　魏志では、「其國本亦以男子爲王住七八十年倭國亂相攻伐歷年乃共立一女子爲王名曰卑彌呼事鬼道能惑」と記されていますが、『後漢書』は、「桓、靈間、倭國大亂、更相攻伐、歷年無主。有一女子名曰卑彌呼、年長不嫁、事鬼神道、能以妖惑衆、於是共立為王。」とあります。
　とても重要なので抜粋しましたが、桓は烏丸山冀州烏垣の軍勢です。靈は東に隣接する青州の軍勢です。

　東漢 末世 桓帝與 靈帝 的並稱。三國蜀諸葛亮（出師表）:「先帝在時、每與臣論此事、未嘗不嘆息痛恨於桓靈也。」南朝宋謝靈運（擬魏太子（鄴中集）詩・王粲）:「幽厲昔崩亂、（幽州は冀州の北）桓靈今板蕩（政局が混乱し、社会が不安定になる）」と説明があります。烏垣族同士の戦いです。卑弥呼が渡来する以前から、既に烏丸山からの渡来はあったと考えても良いかもしれません。

　『三国志』には非常に詳しく当時の日本状況が書かれていますが、初めの三國志巻30魏書30烏丸鮮卑東夷傳第30の初めに書いていることはとても重要なことです。

魏書曰：烏丸者、東胡也。漢初、匈奴冒頓滅其國、餘類保烏丸山、因以為號焉。

終わりの章で詳しく説明します。

　卑弥呼の時代の朝鮮半島の地図ですが、遼東郡と高句麗に烏丸山があります。烏垣の名前はありません。

第五章

官渡の戦いの後

　卑弥呼の年代で大きな事件と言えば、袁紹と曹操が戦った官渡の戦いを無視するわけにはいきません。

　袁紹軍は10万に応援が２万の兵、この圧倒的な軍勢で曹操に最終の戦いを挑みます。迎え撃つ曹操軍は7000の精鋭軍に応援を入れて２万の軍勢で迎え撃ちました。古代中国の三大戦と言われております。紀元200年の出来事です。

　圧倒的な袁紹軍が曹操の率いる僅か２万の軍勢に負けるとは誰も思っていませんでした。

　しかし、袁紹軍は無残にも惨敗し、７万の兵士を失い烏丸山に３万の兵士と共に引き上げます。それから２年後、失意のうちに袁紹は正后の劉氏夫人を後継者とし、後を袁の再起を託し病に倒れ、この世から別れました。

　紀元200年から２年過ぎて烏丸の首領を失った袁一族は、曹操軍には敵わずとも最後の戦いに備えます。

　ここで注意しなければならないのは後継者は劉夫人で夫人は亡くなっていませんが、その後の話は何も語られていないことです。不自然さが残ります。

　それから３年後に曹操は袁の残党の討伐を進め、袁譚と争う南皮之戦が始まりました。

　袁一族で残ったのは袁紹の后である劉夫人と長男の袁譚（実の子ではなく袁紹の兄の子）と妻である文夫人、それに次男の袁熙と后で、後に曹丕

の正妻となる文昭甄皇后、終わりに三男の袁尚と仔細のわからない四男の袁買です。

　三國志、魏書六巻六、董二袁劉傳の裴注引（吳書）曰、尚有弟名買、與尚俱走遼東。曹瞞傳云、買、尚兄子。未詳。

　南皮之戦で袁譚が殺されそうになり、205年に冀州から追われます。207年には次男の袁熙と三男の袁尚も追われ、自ら命を絶とうとしましたが公孫康に殺され首級は曹操に届けられます。
　残ったのは劉氏夫人（鮮卑姓は独孤姓）、文夫人は夫を殺した敵である曹丕の妻になり、姓は不明ですが文昭甄皇后となって仔細は不明の四男の袁買が残りました。このうち文昭甄皇后は詳しく知ることはできますが、文夫人と袁買は、書かれている記事が正しいのかどうかまったくわかりません。
『三国志』では袁譚は斬られ文夫人とお子は誅殺されたと書かれていますが、袁紹の宮殿で曹丕は「恐れるな殺さない」と言っています。
『三国志』、倭人伝の卑弥呼が関わっていると確信します。袁買は先代旧事本記では素戔烏と記され、烏丸の人であることがわかります。出雲風土記では須佐能袁と記され袁の一族であることがわかります。素戔烏には姉が居ますが、該当するのは袁譚の妻、文夫人ではないかと推測します。
　劉夫人は鮮卑の旧姓から漢の姓に変わっています。また幼年期の文夫人も鮮卑の鬼道で国を治めることも知っていました。義母の劉夫人が教えたのでしょう。
　宋女壹与は景行天皇と卑弥呼のお子か？
　宋女だけではわかりませんが宗国の女子と言われています。

東漢末の形勢図

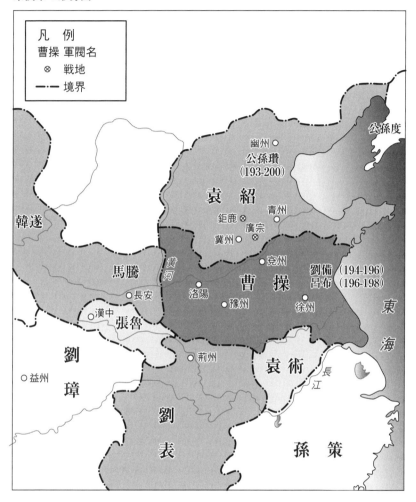

胡の人が匈奴と戦い北の鮮卑山に追われたのが鮮卑族です。南の烏丸山に追われたのが烏山の烏族で、黒い鳥は烏鵐（カラス）と書き鳥は一文字では使いませんから黒い鳥と鳥は違います。二つに分かれた胡はまた鮮卑族の檀石槐（137～181年）によって匈奴を倒し、鮮卑帝国を創りあげ45才で亡くなります。その後鮮卑帝国は分裂し、烏丸族はもとの故

郷、烏丸山に戻ります。

当時の袁が滅びる前の地図です。紀元207年には袁は歴史上から消えてしまいます。

官渡の戦いの後何があったのか。破れた7000の兵士の家族は、また残った袁の一族の運命を追いかけます。そして『三国志』に書かれている人物を紹介します。

訳をせずに漢語で表記します。

曹操（155年～220年3月15日）字孟徳、一名吉利、小字阿瞞、沛國譙県（今安徽亳州）人。東漢末年傑出的政治家、軍事家、文學家、書法家、三國中曹魏政權的奠基人。

魏文帝曹丕（187年冬～226年6月29日）、字、豫州沛國譙県（今安徽省亳州市）人。三国時期著名的政治家、文学家、曹魏開国皇帝（220年～226年在位）。魏武帝曹操次子、与継室卞夫人的嫡長子

文昭甄皇后（183年1月26日～221年8月4日）名不明、相傳為甄宓、實則無記載。史称甄夫人。中山無極（今河北省無極県）人、上蔡令甄逸之女。魏文帝曹丕的正室、魏明帝曹叡的生母。

曹叡（204年？～239年）、即魏明帝（226年至239年在位）。字元仲、三国時期曹魏第二位皇帝、魏文帝曹丕長子、后文昭皇后甄氏。

劉備（161年～223年6月10日）（三国時期蜀漢開國皇帝）、即漢昭烈帝（221年～223年在位）、字玄徳、東漢末年幽州涿郡涿縣（今河北省涿州市）人、西漢中山靖王劉勝的后代、三国時期蜀漢開国皇帝、政治家、史家又称他為先主。

都市牛利（としごり、としぎゅうり、としそり／トシゴリ、Dūshì niú lì）（魏

志倭人傳）中提到的一個人物。在文中多有出現。景初二年（238年）、難升米興副使都市牛利奉女王卑彌呼之命出使魏國、並在魏國獲得了大量賞賜。同時在魏都洛陽被授予率善校尉的職務、興難升米共同獲賜青印銀授。

袁紹（？～202年6月28日）、字本初、汝南汝陽（今河南省周口市商水縣袁老鄉袁老村）人。東漢末年閥漢末群雄之一。袁紹出身東漢名門「汝南袁氏」、自袁紹曾祖父起、袁氏四代有五人位居三公、他自己也居三公之上、其家族也因此有「四世三公」之稱。袁紹早年任中軍校尉、司隸校尉、曾指揮誅殺宦官。初平元年（190年）、興董卓對立、被推舉為關東聯軍首領。在漢末群雄割據的過程中、袁紹先佔據冀州、又先後奪青、並二州、並於建安四年（199年）的易京之戰中擊敗了割據幽州的軍閥公孫瓚、統一河北、勢力達到頂點。但在建安五年（200年）的官渡之戰中大敗於曹操。建安七年（202年）、袁紹在平定冀州叛亂之後病逝。

袁譚（漢末青州刺史、袁紹長子）（？～205年）、字显思（《東光世系》中字显恩、一説显忠）汝南汝陽人。漢末政治人物、大将軍袁紹長子、曾任青州刺史。建安元年、擊敗田楷孔融、完全佔据青州。袁紹去世後、審配等偽立遺令、擁立袁尚為継承人、袁譚不能継位、心懷憤恨。后袁譚、袁尚二人的矛盾徹底爆發、袁譚聯合曹操共同攻打袁尚。建安十年、曹操興兵進攻南皮、袁譚奮力抵抗、終於在曹操急攻之下戰敗、為曹純（170～210年）麾下虎豹騎所殺。（注訳 長子は一族の最年長者）

袁熙(東漢末年幽州刺史)（？～207年）、字顯奕(《後漢書》、《東光世系》作顯雍)、東漢末年人物、袁紹之子、袁譚之弟、袁尚之兄。袁紹打敗公孫瓚後、令袁熙為幽州刺史。在官渡之戰大敗於曹操、公元二百二年（建安7年）、袁紹因兵敗憂鬱而死。在袁紹死后、熙未參与袁譚、袁尚兩兄弟的爭權。曹操平定河北之時、接納敗給曹操後前來投奔的兄弟袁尚、由于屬下背叛而逃往烏桓、隨后他与弟弟袁尚逃往遼東太守公孫康帳下、卻被公孫康殺死、二人首級則被獻給曹操。

袁尚（？～207年）、字顯甫、汝南汝陽（今河南商水西南）人。漢末群雄之一袁紹的第三子、受到袁紹的偏爱、並於袁紹去世後繼承了袁紹的官位和爵位、也因此招致長兄袁譚的怨恨、兄弟之間経常兵戈相向。后袁氏兄弟均被曹操所敗、袁尚与二兄袁熙逃往遼西投奔烏丸首領蹋頓、但不久曹操即平定烏丸、二人只得又投奔遼東太守公孫康、却被公孫康所斬、首級也被送往曹操之処。

　袁買　生卒年不詳、汝南汝陽（今河南商水）人。字显雍（王粲《為劉荊州與袁尚書》中称「賢兄貴弟顯雍」一句可推断、袁熙為袁尚之兄、故不得称「貴弟」、這裡的貴弟顯雍只可能是指袁買）東漢末年大将軍袁紹幼子（一說是袁紹子袁尚之侄）

　劉恒（前203年～前157年）、即漢文帝、漢惠帝劉盈之弟、西漢第五位皇帝。前百九十六年、漢高祖鎮壓了陳豨反乱後、封劉恒為代王、其為人寛容平和、在政治上保持低調。漢高祖死后、呂后專權、諸呂掌握朝廷軍政大權。前百八十年、呂后一死、太尉周勃、丞相陳平等大臣把諸呂一網打尽、迎立代王劉刘恒入京為帝、是為漢文帝。

　次に経歴がわからない袁紹夫人と袁譚夫人、それに袁買を加え、可能性のある奴国の姓名をあてはめて見ます。

　劉氏夫人：卑弥呼、独孤（鮮卑姓）、早津媛（肥後國風土記、早見郡）、神夏磯媛（記紀）、倭姫（景行天皇の后）
　袁買：須佐能袁（出雲風土記）、素戔烏（先代旧事本記）

　三国誌のこの時期の君主を整理します。整理しなければ話の前後が理解しにくくなります。

魏：魏文帝（曹丕）、魏明帝（曹叡）、齊王（曹芳）、高貴郷公（曹髦）、魏元帝（曹奐）

蜀漢：漢昭烈帝（劉備）、蜀漢后主（劉禅）

呉：呉大帝（孫權）、会稽王（孫亮）、呉景帝（孫休）、烏程侯（孫皓）

　これで一つの謎が解けます。袁譚の御子が曹操の20番目の子、曹整の妻になっています。戦いが終わって数年経て勝者の魏文帝（曹丕）の御子の明帝叡から卑弥呼が漢委奴国王の金印を授かります。卑弥呼の義理の妹は曹丕の正后である文昭甄皇后です。

　『三国志』の烏丸鮮卑東夷伝の項のそれも高句麗、弁辰伝のその後に紹介されています。途方もない僻地の地です。態々魏や漢の人が来る訳がありません。卑弥呼に会うため使いの者がそれも隠密に訪ねてくるのです。もし印を授かったとしてもせいぜい氏族が授かるのは銅印でしょう。敵味方になりましたが袁紹も曹操も子供のころは一緒に暮らしたことがある仲です。

　倭は「Wō」、あ行の「お」でなくわ行の「を」と発声します。漢語でワとは発音しません。寧ろ晋の陳寿が書いた『三国志』を読むとひとつの癖が気になります。弁辰伝では拘邪韓国の拘邪とは犬畜生で怪しげなと、余分な事を書いています。

　倭人の文字は、倭は委に人を左に持ってきて委ねる人（ゆだ）という文字の下に人が来ます。重複しているようですが他にも例が見えます。山嶌之文字は山の下に、鳥に山をくっつけて少し縦長の島を作って、山がやはり重複しています。山＋鳥山・山嶌です。

　『三国志』の中で一人の女性を主人公にした話は他に見当たりません。それも他の文章では姓名、地名が正確に記載されています。姓名不明の倭人の話は奇異と解釈をさけて卑弥呼の謎を解く鍵になるでしょう。

　この時代は大きな争いから小競り合いまで度々の戦争が多く、どこで争っているかこれを知らなければやはり前に進めません。この時代に起こった戦争を調べて見ます。

戦争名称、年代、双方の統帥、その時の状況を整理してみます。

黄巾起義	184～186年	何進、張角　何進依靠眾多地方軍閥擊張角。
討伐董卓	189～191年	董卓、袁紹　董卓遷都長安、盟軍決裂、形成軍閥割據局面。
江夏之戰	190年	劉表、孫堅　劉表殺孫堅、孫策接任。
兗州之戰	192年	曹操、青州黄巾軍　曹操擊敗黄巾軍、取得兗州。
宛城之戰	197～199年	曹操、張繡　第一次戰鬥曹操損失愛子曹昂與愛將典韋、第二次戰鬥取勝。
易京之戰	199年	袁紹、公孫瓚　袁紹消滅公孫瓚
官渡之戰	200～201年	袁紹、曹操　曹操連連用計、以少勝多、大敗袁紹。
平陽之戰	202年	鍾繇＆馬超、呼廚泉＆高幹　匈奴呼廚泉聯合高幹攻略河東，鍾繇聯合馬超大敗高乾等。
南皮之戰	205年	曹操、袁譚　曹操在華北平原的控制再無人能撼動、袁氏餘部則在追擊下北逃。
赤壁之戰	208年	曹操、孫權＆劉備　孫劉聯軍利用風向火攻打敗曹操、奠定三國雛形。
合肥之戰	209年	曹操、孫權　雙方各有勝負
潼關之戰	211年	曹操、韓遂＆馬超　曹操利用反間計打敗馬超
漢巴之戰	211～214年	劉備、張魯＆劉璋　劉備擊敗敵軍、收馬超、取得益州。
漢中之戰	219年	劉備、夏侯淵　黄忠力斬夏侯淵、取得漢中。

荊州之戰	219年	孫權&曹操、關羽 孫權與曹操聯手擊殺關羽、孫權取得荊州大部。
夷陵之戰	221〜222年	劉備、陸遜 陸遜用火計擊敗劉備、劉備不久病死。
曹丕伐吳	227〜234年	曹丕、孫權 三次入侵皆未果、吳和魏脫離臣属関係離臣属関係。
南中平定戰	225年	諸葛亮採取攻心，使南蠻心服口服。
服諸葛亮北伐	227〜234年	諸葛亮、曹真&司馬懿 共五次、互有勝負、諸葛亮病逝。
石亭之戰	228年	陸遜、曹休 大敗曹休。
魏滅燕之戰	238年	司馬懿、公孫淵 遼東地區歸於魏國統治。
興勢之戰	244年	曹爽、費禕 攻克漢中失敗
姜維北伐	227〜234年	姜維、鐘會&鄧艾&諸葛緒互有勝負。
淮南三叛	227〜234年	王淩&毌丘儉&諸葛誕、司馬氏後兩次有吳軍參與、司馬氏徹底剷除魏帝勢力。
東興之戰	252年	諸葛恪、司馬昭 魏軍戰敗、諸葛恪聲望達到頂峰。
魏滅蜀之戰	263年	鐘會&鄧艾、劉禪 鄧艾鐘會滅蜀。
交州之戰	270年	陶璜、董元 吳軍收復交趾地区、打破西晉三麵包圍之勢。
西陵之戰	272〜274年	陸抗、羊祜 陸抗以三萬士兵擊潰晉國八萬士兵。
晉滅吳之戰	279〜280年	司馬炎、孫皓 西晉統一中国。

黃巾起義の乱から曹操が戦った曹丕伐吳までを訳します。

何進依靠衆多地方軍閥擊敗張角
何進、よって多くの地方軍閥に頼り先に仕掛け打ち破る。
董卓遷都長安、盟軍決裂、形成軍閥割據局面
董卓は長安に遷都する。盟軍は決裂し、形成軍閥が占有する局面に。袁紹の兄袁基は董卓に殺される。
劉表殺孫堅、孫策接任
劉表は孫堅を殺す。孫策（175～200年5月5日）が引き継ぐ。
曹操擊敗黃巾軍、取得兗州
曹操は黃巾軍を打ち破り、兗州を取得する。
第一次戰鬥曹操損失愛子曹昂與愛將典韋、第二次戰鬥取勝
第一次戰鬥で曹操は愛息子の曹昂（？～187年）一騎当千の将、典韋（？～197年）を失う。第二次の戰鬥は勝取る。
袁紹消滅公孫瓚
袁紹は公孫瓚（東漢末年幽州一帯を占有する軍閥）（？～119年）を消滅する。
曹操連連用計、以少勝多、大敗袁紹
曹操は続けさまに謀をして、以って小刻みに勝ちを多くする、袁紹は大敗をする。
匈奴呼廚泉聯合高幹攻略河東、鍾繇聯合馬超大敗高乾等。
匈奴の欒提呼廚泉（出自年不詳）と高幹聯合軍、河東（代指山西西南部）を攻略する、鍾繇（？～230年）と馬超（176～222年）聯合軍、高乾（北魏將領）（497～533年）等大敗する。
曹操在華北平原的控制再無人能撼動、袁氏餘部則在追擊下北逃
曹操は華北平原（中国三大平原の一つ、別称黃淮海平原、中国東部大平原の重要な部分で渤海～華北盆地にある。北緯32度～40度、東経114度～121度。北抵燕山の南麓、南達大別山北側、西倚太行山一伏牛山、東臨渤海和黃海（跨越京、津、冀、魯、豫、皖、蘇七省市）、にいて再び抑えた、無人で感動を受ける。袁氏の残党が下北に逃げたので追撃する。
孫劉聯軍利用風向火攻打敗曹操、奠定三國雛形
孫劉連合軍は風向きを利用し火攻めで曹操は敗北する。三国最初の形

を推断する。

双方各有勝負

双方五分の勝負。

曹操利用反孫權與曹操聯手擊殺關羽、孫權取得荊州大部孫權與曹操聯手擊殺關羽、孫權取得荊州大部間計打敗馬超

曹操は謀を利用して問い返し馬超（三国時代蜀漢の名将）（176〜222年）を打ち破る。

劉備擊敗敵軍、收馬超、取得益州

劉備は敵軍を撃破する、馬超をかたづける、益州を取得する。

黃忠力斬夏侯淵、取得漢中

黃忠（三国時代蜀漢の名将）（？〜220年）が夏侯淵（東漢末年の名将）（？〜219年）を力ずくで殺す、取得漢中を取得。

孫權與曹操聯手擊殺關羽、孫權取得荊州大部

孫權は曹操に協力を挙兵して、關羽を撃殺する。孫權は荊州大部分を取得する。

陸遜用火計擊敗劉備、劉備不久病死

陆逊（183〜245年3月19日）（三国時代の吳国政治家）は火計をもちいて、劉備を撃破する。劉備はほどなく病死する。

三次入侵皆未果、吳和魏脱離臣属関係

三次侵入する全ては果たせない、吳と魏は和だが離脱して臣属関係になる。

　袁紹と曹操の戦いから曹丕と劉備までが卑弥呼一族が肥國、筑國の筑後川に広がる穀倉地帯に渡来した出来事を『三国志』には詳しく書きとめられています。

　卑弥呼（劉夫人）の義妹の文昭甄皇后の元夫の熙と後の夫になる魏文帝の話が載っている『三国志』の「魏書」5の一部を次章で訳してみます。

第六章

「魏書」五 后妃傳第五

　建安中、袁紹為中子熙納之。熙出為幽州、後留養姑。及冀州平、文帝納後於鄴、有寵、生明帝及東鄉公主。
　魏略曰：熙出在幽州、後留侍姑。及鄴城破、紹妻及後共坐皇堂上。文帝入紹舍、見紹妻及後、後怖、以頭伏姑膝上、紹妻兩手自搏。
　文帝謂曰：「劉夫人云何如此？令新婦舉頭！」姑乃捧後令仰、文帝就視、見其顏色非凡、稱嘆之。太祖聞其意、遂為迎取。
　世語曰：太祖下鄴、文帝先入袁尚府、有婦人被髮垢面、垂涕立紹妻劉后、文帝問之、劉答「是熙妻」、顧攬髮髻、以巾拭面、姿貌絕倫。既過、劉謂後、「不憂死矣！遂見納」、有寵。
　魏書曰：後寵愈隆而彌自挹損、后宮有寵者勸勉之、其無寵者慰誨之、每因閒宴、常勸帝、言「昔黃帝子孫蕃育、蓋由妾媵衆多、乃獲斯祚耳。

　漢獻帝（劉協）の中頃、袁紹は次男の熙に之を納めさせる。熙を幽州に出し、養姑をいたわり養っていた。叔母を、後に残して、なだらかな冀州に達する。文帝、ここでは魏文帝（曹丕のこと）は納めた後に、鄴（古地名：鄴城　河南安陽市北郊［曹操高陵等］一帯）に於ける。お気に入りがある、生明帝（魏明帝曹睿兄弟）及び東鄉公主（205～13世紀）魏文帝、曹丕之女、甄夫人は卑弥呼の妹か柳夫人の息子の嫁）。
　魏略曰：袁熙は幽州から出て、残って待っている叔母（姑）のとこに留まる。
　及び冀州鄴城を曹操に（242年）打ち破られ、その後皇帝の居住する

正房に紹妻（劉夫人）と共に何もしないでいた。魏文帝は袁紹を放り出すと、そのあと紹妻の目に入る、後怖れる、以って頭を伏せしばらく膝を上げる、紹妻は両手を自分で縛る。

文帝謂曰：「劉夫人、此はどういうことか？　ご新婦（甄氏、袁熙の妻）が頭を上げた！」叔母（姑）は、はじめて（両手をそろえ、手のひらを上に向け、ささげるようにして）待って後の命令を仰ぐ。文帝は直に見て、その顔色をみると、並はずれているとため息を吐く。

その考えを開國皇帝に聞く。遂に為す、よくきたと。

世語曰：開國皇帝、鄴に下る。魏文帝は袁尚の館に先に入る。髪はぼさぼさで顔は垢だらけの婦人が待っている。涙を流し袁紹の妻劉后が立っている。文帝が之はと問う。劉が答え「是は袁熙の妻です」、素直な髪を引寄せ結っており、以って布で面を拭うと、姿、容貌は絶倫（並はずれている）である。

既に過ぎている、劉を後で呼び、「死を心配しないで（語気荒く）！遂に満足を見る」、寵愛を持つ。

魏書曰：後にはますます寵愛するが而（しかるに）、自ら（相手の意思）汲み取り控える。后宮（王宮の帝王后妃の居住する宮室）では、寵愛者（甄氏）は真面目に努める、寵愛者にはそれは心地よくない。度々の閒宴に応じると、常に帝は薦めて言う「昔、黄帝［紀元前2717～紀元前2599年］（中国遠古時代華夏民族の共主）の育てた子孫が栄えている。妾（わたくし）（古代、女性がへりくだって言う言葉）が蓋由（蓋頭、婚礼で花嫁が頭にかぶる赤い絹）をかぶり、多勢の人が花嫁につきそう。これで福耳を手に入れる。

『三国志』の一部抜粋ですが、後に、袁熙と袁尚は助けることはできないものの、袁熙の妻を劉夫人が機転でもって命を救います。後に、この場面では袁譚の妻の文夫人と袁買が出てきません。『三国志』の「魏書」のこの項では見当たりません。これが謎ですが、卑弥呼と須佐能袁を文夫人と袁買を当てはめてみました。曹丕も魏文帝と名乗り、袁熙の妻も文昭甄皇后となり曹叡の生母となりますが、いずれも文姓に変えるのは

何らかの流れがあると思います。
　不明の所は何らのつながりがあり、曹丕も文昭甄皇后も卑弥呼と須佐能袁（袁買）の渡来を支援したかもしれません。

第七章

奴

　『三国志』には奴と生口という言葉が出てきます。古代の奴という文字を直訳すれば奴隷。奴を説明してみます。

　奴、nú、從女從又（手）、古之辠（罪）人也。
　奴という文字は女をすわらせて縛り手で捕え、差し出した形から来ています。罪人というのは犯罪の罪人ではなく統治者から見た敵を指しています。
　説明すると、「奴、奴婢は皆古代では罪人（辠人）です。（周禮）曰：その奴、男子に於いては辠隷（しもべ）、女子に於いては舂人藁人とする。従う女、又従う。養女、古典的な奴隷」。
　『三国志』「魏書」5　后妃傳第5で、劉夫人が自らの両手を縛り、膝を立てて同席している甄夫人を奴として差し出すと、共立（体を折って）しています。
　部族は戦いに明け暮れていたので、戦闘員以外に幾らでも仕事を為す人は要ります。占領地も増えて、その地に残す多くの人も要ります。199年、易京之戦で袁紹は公孫瓚（東漢末年幽州一帯の軍閥）を破って多くの捕虜、女性、子供を確保しています。
　曹操は袁紹と仲が良く、最後の覇権の争いでも袁紹を追い詰めてはいません。袁紹が202年に病死してから、曹操は205年から北伐を始めて熙と尚を北の小柳城に追いつめます。闇にまぎれて熙と尚が脱出しましたが、別な考えをすれば曹操が取り囲みながら逃したともとれます。

曹操にしてみれば遠方の地に追い払えばよいことで、命までとるつもりはありませんが、それを待ちうけていた公孫瓚 Gōngsūnzàn の手にかかって殺されます。公孫瓚が袁の一族に対してかたきを撃ったのです。

重要なのは、曹操が袁紹とその家族に誰ひとり自ら手を下していないのに三国志では「譚斬妻子刺殺」とは疑わしいものです。まして早々と205年の出来事です。

袁紹が公孫瓚の捕虜として女性と子供を確保しています。当然確保した捕虜は奴になります。考えてみたら卑弥呼が九州島に連れてきたのは公孫瓚の一族も含まれていたかもしれません。

又は、占領地として統治していた烏丸で衣料に食料の生産、さらに多くの被戦闘員が要ります。奴隷と言っても従事する仕事は様々ですから、技術職も必要でしょう。それぞれの各人の待遇も違います。部族によっては奴隷でも階級制がありましたし、占領した国の方の文化が高く、せっかく占領したのにどちらが占領したのかわからなくなったという話も見られます。

衣服においても全てみすぼらしいわけでもありません。朝貢に生口を捧げるのは、案外技術職や戦闘で使える優秀な人達、若い女性ではないでしょうか。特に烏丸の袁の奴隷制は厳しかったと言われています。入れ墨は兵士や下働きをする人に入れています。これを朝貢の使者がソウルのイムジン閣で話し、それらの話を聞いて陳寿がまとめたのでしょうか。

中国の古い遺跡では機織り器が多く出土しています。人手の作業ですから多くの人達が必要だったのでしょう。占領者が被占領者を多岐に渡って利用した構図です。

康熙字典
【醜集下】【女字部】　奴；康熙筆劃：五、〔古文〕
【廣韻】乃都切【集韻】【韻會】【正韻】農都切、夶音孥。
【說文】奴婢、古之罪人。【周禮、秋官、司厲】男子入於罪隸、、女子

入於春藁。凡有爵者、與七十者、未齓者、皆不為奴。

【前漢、衞青傳】人奴之生、得無笞罵足矣、安望封侯乎。又地名。雍奴、漢縣、屬漁陽郡。建武二年、封寇恂為雍奴侯。見【後漢書】。

又澤名。四面有水曰雍、不流曰奴。見【水經註】。又姓。盧奴之後。見【統譜】。又念奴、官妓名。

【元稹·连昌宫词】力士传呼觅念奴。又梵言馱索迦、華言奴。

又飛奴、鴿也。張九齡家養羣鴿、每與親知書信、系鴿尾上、依所教投之。又燭奴、燭檠也。申王以檀木刻童子執畫燭、名曰燭奴。見【天寶遺事】。

又酪奴、與茗為奴。齊王肅品題食物、惟酪不中與茗為奴、見【洛陽伽藍記】。又木奴、柑橘號。【杜甫詩】方同楚客憐鄉樹、不學荊州利木奴。見【玉堂閒話】。

又竹奴、青奴、世所稱竹夫人、所以憩臂休膝者、見【黃庭堅集】。

又錫奴、溫足餅也。荔枝奴、龍眼也。狸奴，獺也。 丛見【玉堂閒話】。又【類篇】奴故切、音笯。亦賤稱也。

できるだけ正確さに近づけるため、康熙字典をそのまま記載しました。

卑弥呼の系図

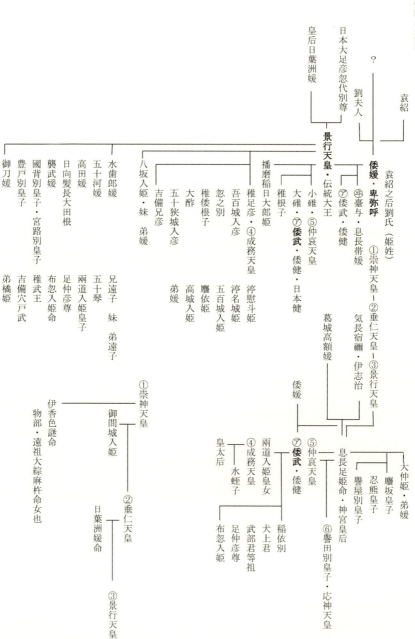

102

第八章

袁譚

　　どうしても府に落ちないのが、果たして多くの女性兵と一族を連れて渡来し奴国を治めることが、袁紹の后劉夫人にできたのかということです。
　　一度戻って『三国志』を読みなおし探ってみます。『三国志』は巻1「魏書」1武帝操で始まり、巻30「魏書」30烏丸、鮮卑、東夷（夫餘、高句麗、東沃沮、挹婁、濊、韓、倭）で、次は巻31「蜀書」1劉焉、劉璋、から巻46「呉書」1、そして巻65「呉書」20で終わります。
　　他の図書違いは人名が目次になっているのにも関わらず、「魏書」の終わりの巻30では、倭の卑弥呼だけ姓名が伏せてあります。

　　巻1「魏書」1武帝記第1「太祖武皇帝、沛國譙人也、姓曹、諱操、字孟德、漢相國參之後。」

「太祖武皇帝、沛國（沛侯國、治相県［在今安徽］、和沛縣［即小沛］是不同の地方）譙人（しょうの人）なり、姓は曹、諱は操、字は孟德、漢相國參（漢相曹參）」の後。
　　最初から曹操の話で始まる特殊性が見えます。
　　では巻1「魏書」1のこの項の袁譚がどのように書かれているのか調べてみます。

　　袁譚の御子を曹整に嫁がせるところです。

103

公乃引軍還。冬十月、到黎陽、為子整與譚結婚。
（臣松之案：紹死至此、過週五月耳。譚雖出後其伯、不為紹服三年、而於再期之內以行吉禮、悖矣。魏武或以權宜與之約言「今雲結婚」未必便以此年成禮。）

譚は曹整に子を結婚させる。
（臣松之案[陳寿がなくなり130余年裴松之が注釈を入れる]：袁紹が死に至る、周が過ぎ五月だけ、譚は喪中ではあるがその伯父[袁紹は袁基の弟になるが]を後に出ていく。袁紹の喪に3年服さず、而於いて1年以内に再び吉礼[行事]を行い、矛盾する（語尾荒く）。魏武操に或いはその場限りの約束事「今雲[いう]結婚[口先だけの結婚]」不要で都合よく、以ってこの年に結婚となる。

公之圍鄴也、譚略取甘陵、安平、勃海、河間。尚敗、還中山。譚攻之、尚奔故安、遂併其衆。公遺譚書、責以負約、與之絶婚、女還、然後進軍。譚懼、拔平原、走保南皮。十二月、公入平原、略定諸縣。
十年春正月、攻譚、破之、斬譚、誅其妻子、冀州平。
（魏書曰：公攻譚、旦及日中不決、公乃自執枹鼓、士卒咸奮、應時破陷。）

鄴城（今安陽市北郊）なり、甘陵、安平、勃海、河間を袁譚が簡単に取る。袁尚（袁紹の三男）は破れて中山（現、廣東省地級市）に還る。袁譚之を攻め、袁尚、落ち着くために走る。公（公の、ここでは武帝操）が袁譚に書を遣わす。責任を以って約束を請け合い、離婚を興し、女を還す、然る後に進軍。袁譚は恐れる、平原をかき分け、走（走はある場所から離れる）を保つ（守る）、南皮（南皮県、現代の河北省滄州市の下轄県）。十二月、公は平原に入り、簡略に諸縣を平定する。

10年春正月に袁譚は攻め、之は破れる。袁譚は斬る（切るが転じて殺す）、誅（罪ある者を討つ、殺す）、その妻子、冀州は平定される。
（魏書曰：公は袁譚を攻める。一先ず日中は不決に及ぶ、公が自ら枹鼓[戦鼓、警鼓]

を執行する。士卒は奮って應時に破陷。)

　私が袁譚（文夫人、卑弥呼）に執着するのは『三国志』にあります。『三国志』は巻1「魏書」1の巻初、武帝操から始まり巻30「魏書」30の末巻は卑弥呼で終わり、巻31の「蜀書」1に進んでいきます。曹操を武帝操は曹操のこと。秦の始皇帝でも秦始皇と呼び、公とか太祖とか称しています。いかに偏っているのか曹操の夫人、袁紹の夫人はいずれも劉家です。曹操の周りの国は敵の中にあります。その状況で袁譚一族を滅するのは無理な話です。この時代に帝を名乗る首領は沢山います。時代を考えれば、金印を卑弥呼に授けるのは武帝操、曹操、曹丕、明帝しかいません。結婚を見送った袁譚の娘と称した袁買で、男かもしれません。

　袁譚が女性であると考えるのは少し性急しすぎるかも知れませんが、再度考え直してみます。

　私が「卑弥呼は袁譚ではないか」と拘るのは「乃共立一女子為王、名曰卑彌呼、事鬼道、能惑衆」の文章です。

　乃共立の言葉は古代の言葉です。乃（廼）は nǎi、本義為、(再度)、(重複)。引申為：(一系列)。《爾雅・序疏》：若乃者、因上起下語。(案) (因上起下) 即 (承上啟下) 或 (承前啓後)。如乙上承甲而啟於丙、丙上承乙而啟於丁…這就有了 (一系列) 的 (的はのと読む) 意思。特指 (你)。因為 (我) 承於 (他) 而啟於 (你) と記されている通り。一系列、説明すれば垣帝の垣 (Yuán) 袁紹の袁 (Yuán) 爰有女人、日神夏磯媛の爰 (Yuán) 烏丸の継承者だと。

　袁紹に青州の刺史 (知事) を任され、官渡の戦いでは幕府長史で参加し、袁譚は袁紹軍が官渡の戦いで敗れると早々と曹操に降伏し冀州を任されます。

　共立を説明すると、共立、讀音 gòng lì、基本意思は古代の一つ身体を少し前にまげて恭敬を示す姿勢の形の一つです。

　卑弥呼は誰に奴国を任されたのでしょうか？

　金印を授けた主は魏明帝でしょう。見つかっては困るので卑弥呼が隠

105

します。

　このように追っていくと卑弥呼は男子名を名乗る袁譚しか該当者がいません。『三国志』は袁譚が出てきますが、文夫人の話は見つからないのです。歴史上の人物として表に扱ってないかもしれません。

　作者の陳寿はある程度は掌握し、あえて名を伏せたかもしれません。

　三国誌及び『三国志』巻30、烏丸、鮮卑、東夷伝（夫餘、高句麗、東沃沮、挹婁、濊、韓、倭）の人名地名は正確に記されています。人名地名が怪しいのは倭人伝の項に見られます。

　これは朝貢者からのまた聞きですからやむを得ません。少ない資料からもしかしての話が多くなるのは仕方のない話ですが、注意して見ると曹操は袁一族に対し壊滅的に滅ぼしてはいません。

　200年に官渡の戦いで袁紹に勝利しても追討までしていません。袁紹は3万の兵を連れて烏丸に戻り、それから2年過ぎ、袁紹は202年に病で亡くなります。その間は曹丕が好意を持っていた郭夫人を袁熙から奪ってしまう事件が残っています。

　205年に袁譚が亡くなった後、207年に袁熙と袁尚が亡くなっています。

　曹操に依る北討伐は袁熙と袁尚を小柳城にまで追い込みますが、暗夜に二人は脱出します。曹操軍が取り囲んでいるにも関わらず脱出ができたのは、むしろ逃がして二人が退避するように曹操が願ったのではないでしょうか。手を下したのは公孫康ですから二人を追い掃った曹操は袁紹一族を成敗する事は考えていません。なぜなら曹操の国の立場はわかっています。

　それだけに、袁譚が曹操の虎豹騎士兵に殺されるという話を素直に認めるわけにはいきません。

　青州を袁紹に任され曹操に冀州を任され、度々袁尚と継承者の争いに敗れ、兎に角も弱い袁譚軍は負けてばかり。継承者争いよりも説得の戦いに見えてきました。

三国志から袁紹・曹操の系図

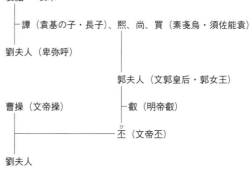

袁逢嫡長子袁基（安国亭侯太僕）── 袁紹 ── 袁术
          ├─ 譚（袁基の子・長子）、熙、尚、買（素戔烏・須佐能袁）
        劉夫人（卑弥呼）
              郭夫人（文郭皇后・郭女王）
        曹操（文帝操） ├─ 叡（明帝叡）
            └─ 丕（文帝丕）
        劉夫人

以下、古事記から。

 夜麻登波　久爾能麻本呂婆　多多那豆久　阿袁加岐　夜麻碁母禮流　夜麻登志宇流波斯。

 やまとは　くにまほろば　たたなづく　あヲがき　やまごもれる　やまとしうるはし。

以下は日本書記です。

 夜麻苔波　區珥能摩倍邏摩　多多儺豆久　阿烏伽枳　夜麻許莽例屢　夜麻苔之于屢破試。

 やまとは　くにのまほらま　たたなずく　あオがき　やまごもれる　やまとしうるはし。

 様々な解釈がありますが「あおがきやま」の文字の違いが気にかかります。古事記では阿袁加岐夜麻と「お」を「袁」で記しています。
 日本書紀では阿烏伽枳夜麻の「お」を「烏」で記しています。

この二文字は烏丸の袁と称しています。これに似た例では出雲風土記では須佐能袁で、旧事紀では素戔烏と同じく烏丸の袁を使っています。

　倭武が万葉のうたでは母である卑弥呼と伯父の須佐能袁に聞かされていた遠い国、青垣山云々と烏垣の青州の山々は袁譚と袁買が楽しく過ごした地、二人の望郷の心を詠んだのではないでしょうか。

『三國志』巻10　魏書10　荀彧荀攸賈詡傳第10中の一文を訳します。

　魏書曰：攸姑子辛韜曾問攸說太祖取冀州時事。攸曰：佐治為袁譚乞降、王師自往平之、吾何知焉？自是韜及內外莫敢復問軍國事也。

　魏書曰：攸、叔母（袁紹の后）と実子（袁尚）の間の辛さを包み隠し、攸、太祖（曹操）から取得した冀州の話。攸曰：佐治に袁譚が降伏する。王将自ら赴き之を平定する。吾は何をどうしたのかと？　自ら是を包み隠し、そして内にも外にもあえて一族に戻ろうとするな。それは軍国の話である。

　義母劉夫人は三男の袁尚を溺愛し、その間にたつ辛さを袁譚は伏せ、冀州の首府鄴城で203年、袁尚に攻められ追われます。その時に佐治が自ら袁譚を訪れた話ですが、佐治という名称は卑弥呼の奴国の次に佐治国と出てきますが佐治のそれからの行動が不明です。
　佐治とは辛毗（生卒年不詳）、別称字佐治、潁川阳翟人。三国の時は曹魏大臣です。
　官渡の戦い後、早々と袁譚は曹操に投降したその後、辛毗は袁紹の長子袁譚に仕えていました。
　この後205年に袁譚は殺されます。その後の美談は余りにも有名です。
　王脩（生卒年不詳）別称字叔治は北海郡営陵人です。袁譚に人一倍忠誠心を持って仕え助けました。王脩は袁譚の亡骸を奉りたいと、その後に

十分な処罰を受けると曹操に願い出ます。

その忠誠心に感銘を受けた曹操は「君澡身浴德流聲本州忠能成績爲世美談名實相副過人甚遠」。

それから２年後の207年、曹操により袁熙と袁尚を滅ぼす北伐が始まります。

ここの話が気になります。袁熙と袁尚を滅ぼす前になぜ袁譚を殺さなければならないのか。曹操に近い袁譚を殺す理由が見当たりません。まして袁紹に世話になる前に、袁譚の御子が曹操の息子曹勢に嫁ぐ話も出ていますし、慌てて話を解消する等不審な事が続いています（しかしなぜか破談し袁譚は斬られ妻子誅殺です）。袁尚も曹操も后は劉夫人で劉一族です。袁譚が亡くなる時に、なぜに王脩は袁譚から離れていたのか。疑問より作為が残ります。

袁譚の父は袁基で袁紹の兄、袁紹の父は袁逢で袁譚からみると伯父さんです。

第六代安国宣文候袁逢、第七代安国亭袁基・袁紹、袁術、第八代には袁譚、袁熙、袁尚、袁買、ですが各代には数人の袁が居ります。

この中で集合離散を繰り返し曹操に近い人もいます。袁譚は青州を任されても農民の反乱が多く青州をうまく治めることができず冀州を任されても助けが要りました。官渡の戦いでは幕府長史という要職でしたが投降してしまいます。

言葉は悪いがどじな偉いさんで、勇猛な人の仕事には見えません。

態々そのような袁譚を殺す価値があるのでしょうか。父母の亡くなった経過もわかりません。謎が多い人です。

これ見よがしに墓まで立てるなど、いかにも袁譚が亡くなったとアピールする袁譚を逃がす計画の一つに思えます。

想像の話ですが、袁譚の父母が亡くなるときに袁譚も亡くなり、文夫人が袁譚の代わりをしているなら、これらのことに説明がつきます、しかし、袁譚は文夫人で倭に渡ったという古文書の話がなければ想像の域から出られません。

佐治も文夫人と共に倭に渡り、卑弥呼を助け形ができたところで帰国する、佐治の終わりは魏に所属している文書はありました。

　袁基的足跡踏遍了整個地中海、直到打到了地中海的海邊才收兵、這可比成吉思汗的功績大的多。
　袁基在中國已經成為了一個傳奇、一個永遠的豐碑、回國後的袁基並沒有再去當什麼皇帝、而是攜著美人過著逍遙自在的日子。

　これは槍神の長編小説の「重生三國之袁基 最新章節更新列表」第1巻卷亂世風雲 第一章重生到三國から第440章 征戰四方（大結局）の巻末の袁基の話です。

　袁基の足跡は広く地中海でも見られる。直ぐに到る、攻めて到る、地中海の海辺で兵を解散し戦いをやめる。この成吉思汗の功績は多く大きい。
　袁基は中国におり、己の成し得た一つの伝奇、一つは永遠の記念碑となっている。国の回顧は袁基並びに滅亡し、再び去来し何々の皇帝も全て当てはまる。而是書かれたのは美人を連れ自由自在に逍遙する（気ままにする）日々を過ごした人の話です。

　袁基の終わりです。袁譚の父の袁基が袁逢（袁紹の父）、袁術、袁紹を連れて戦った物語です。
　袁譚の父袁基の死はわからないと結論にいたりました。

　巻一の曹操で始まり付けたしに見える巻30の卑弥呼の話まで読んでいますと、史記でなく古代恋愛小説に見えてきます。ここからフィクションで話を進めると壮大な古代のロマンスが眼前に浮いてきます。

　末漢の宮殿に董卓の軍勢が襲いかかり、20人、東漢安国亭侯袁基と

官士袁譚も殺されます。袁譚の妻、文夫人は弟と我が子を連れて袁紹の宮殿で暮らします。やはり、袁紹の実の子とは折り合いが悪く、袁譚を名乗り烏垣青州の刺史として袁紹が送り出します。

　青垣山で穏やかに暮らした日々は忘れないでしょう。それもつかの間、袁紹と曹操が官渡で戦い、圧倒的な軍事力を誇った袁紹が曹操に破れます。

　この戦いの事務方として参戦していた袁譚（文夫人＝卑弥呼）は投降します。捕らえられた袁紹の命と残った３万の軍隊の命の保証のため曹操から寵愛を受ける身になります。そして冀州の地を任されます。袁紹が亡くなると、袁熙、袁尚の北伐のため、袁譚を殺したことにして倭に送り出しました。

　しかし、これは正しいとは言えません。この一連の事件で命が奪われなかったのは、袁紹の后劉夫人と袁買のはずです。巻１で戦勝者の曹操を取り上げ、終わりの巻30の敗戦者の妻、劉夫人で締めくくるのが正しい話です。袁買は劉夫人のお子か弟、未詳？　卑弥呼に弟がいる、に惑わされたかもしれません。巻末の汝を憐れむという言葉こそ、作者の陳寿の心の底からの叫びかもしれません。

　劉夫人が卑弥呼ならば、景初２年（238年）に太守劉夏に朝貢しました。劉夫人の息子、袁熙。袁紹を殺した帯方郡の統治者は公孫康ですし、魏明帝から任命された帯方太守劉昕になります。
「求詣天子朝献、太守劉夏遣史将送詣京都」と記されています。これから太守劉夏は帯方太守劉昕と考えます。

　その後に応神天皇の招きで劉一族が渡来します。皇族で資料に残っている日本の姓、原田姓を名乗ります。歴史の流れは止まらず現代まで続いています。

　元に戻って巻１「魏書」１　武帝操の中から。

公臨祀紹墓、哭之流涕、慰勞紹妻、還其家人寶物、賜雜繒絮、廩食之。
(孫盛雲：昔者先王之為誅賞也、將以懲惡勸善、永彰鑑戒。紹因世艱危、遂懷逆謀、上議神器、下乾國紀)。

　君主袁紹の墓、慟哭して涙を流す。慰労（いたわる）する紹の妻、その家人（ここでは劉夫人）に曹操が宝物を還す。絹織物や様々なものを賜る、廩（俗字）食料も与える。

　袁紹劉夫人は亡くなっていませんが、生涯の出自年度がわかりません。劉夫人を卑弥呼として詳しくわかる出来事の年度を調べます。
　官渡の戦いが200年です。袁紹の次男、劉夫人の長男の后、文郭夫人の出自が確かなのでここから始めます。184年4月8日～235年3月14日です。官渡の戦いの200年は16歳の時です。夫袁熙は18歳になります。この時代、男子15歳、女子13歳で結婚しています。
　卑弥呼没年は247年でかなり信用ができますが、年長と言われて79の生涯は少し長く感じますが官渡の戦いの時期は32歳です。31歳なら袁熙の18歳は13になります。月日のずれがありますが結婚して直ぐにお子を授かったということなら説明がつきます。
　初めの朝貢は70歳、景初2年（238年）6月、次は正冶元年240年1月、72歳です。
　もし袁譚の妻文夫人であるなら、郭夫人に2歳足して追ってみます。初めの朝貢が景初2年で56歳、二度目は正冶元年で58歳になります。それに袁買は弟と言えます。
　文郭夫人の出自が正しく表記されているのに義理の母親といえども出自が不明と言うことはありえないことです。
　家人に還したという書き込みは不自然で、宝物を還すことは普通に考えて有り得ません。深く読み過ぎますがこれを持ってこの地を離れてくれと言っているのと変わりません。既に敗者です。暮らす家さえないのです。

第九章

漢書と後（后）漢書

「邪馬台国の女王卑弥呼」と『三国志』の倭人伝の項にも載っていないのにどこに書かれているのでしょうか？
　和製の奇妙な邪馬台国は『三国志』では見当たらないので『後漢書』かも知れないと『後漢書』を調べましたが見つかりません。不思議な日本語の言葉はどこで生れたのでしょうか？

　『三国志』で記されているのは「邪馬壹国女王之所都」です。不平行山、これが壹の国、之が女王のところ（所属）の都です。『後漢書』は「伝統大王居邪馬臺国」です。『後漢書』では臺（Tái）で記されています。遠望がきくように作られた高台、もしくは高殿です。そこに伝統大王が住まわれている、景行天皇が高殿にお住まいになっている、巻向遺跡です。『漢書』と『後漢書』の『三国志』と違っている文章を拾い出し表記してみます。

　壹、史記［西漢］司馬遷百三十巻、弐、漢書［東漢］班固百巻、参、後漢書［劉宋］範曄卷百二十、四、三国志［西晉］陳壽卷六十五、五、晉書［唐］房玄齢 等卷百三十、六、宋書［梁］沈約卷百、…
　二十四、明史［清］張廷玉 等卷三百三十二、

　ここで倭人の名前が見えるのは前漢儒学世家出身の班固（起源32〜92年）宇孟堅、の漢書、巻28 地理志第8下、「玄菟樂浪武帝時置皆朝鮮濊

貊句驪蠻夷」。から始まる文章に載っています。

　樂浪海中有倭人、分為百餘國、以歲時來献見雲。（如淳曰：如墨委面、在帶方東南萬里。臣瓚曰：「倭」是國名、不謂用墨、故謂之委也。師古曰：如淳雲'如墨委面'、蓋、音委字耳、此音非也。倭、音一戈反、今猶有倭國。《魏略》雲：倭在帶方東南大海中、依山島為國、度海千里、復有國、皆倭種。）

　楽浪の海、波、の中に倭人がいる。百余国に分かれており、以って歳の間々に来たる、面会し話を奉じる。
「倭人」は委ねた人と理解したいです。この時期に東夷と言われる人々が暮らしている辺境の地に来るのは、何らかの目的を持った支援者がいる人々とか、生活ができない人々が主ならば、越の人は生活のため渡来し、北方にしても南方から来る人々は辺境の地に来るのは何がしかの目的を携えて渡来したと考えても可笑しくはないでしょう。
　如淳［三国曹魏の時代の人］曰：面に墨を入れた如く帯方の東南から万里に在る。
　臣瓚（西晋の学者代表志に［漢書集解音義］がある）曰：「倭」是は國の名前、墨を用いるとは言えない、故に之を委也と言う。
　師古（漢語詩の供給源）曰：淳雲（胡）如くなり、委面（ここは面に合わす、顔の表面に合わす）、蓋（倭の北、朝鮮半島南西部、後の馬韓）の耳に届く発音、この音は変わらない。倭、音は一戈（胡の長柄カマ、武器）反した、今、まだまだ倭国がある。

　［魏略］雲：倭在帶方東南大海中、依山島為國、度海千里、復有國、皆倭種。

　ここは陳寿作『三国志』と同じですが、いずれも山鳥は原書には鳥の文字の下に山をくっ付けた文字で表現されています。
　いずれも後年の批評であって国が使われるのは後年であることがわか

114

ります。委ねた人の物語と受取れる。これが自然でしょう。

『後漢書』と『三国志』の違いを調べて見ましょう。
『後漢書』は巻85東夷列傳第75と巻90烏桓鮮卑列傳第80に分けています。巻90から誌第1律暦上に変わり誌第30興服下で終わりますから細かく言えば『三国志』と少し性質が違います。
　85の巻、第75章、東夷列傳から始めます。

　馬韓之西、海島上有州胡國。其人短小、髠頭、衣韋衣、<u>有上無下</u>。好養牛豕。乘船往來、貨市韓中。

　馬韓の西、海の島上に胡國州（済州島）がある（北の胡、南の越、是は同じだと言われています、倭は胡の州だと）。そこの人は小さい、垂れた髪の頭、依は革の衣、<u>上声</u>（古代四声の内第二声、拼音［ピンインは音節が四つあります、参照］）だけの発声、養った牛、豚を好む。船で行き来し韓中を相手にビジネスをする。

　倭在韓東南大海中、依山島為居、凡百餘國。自武帝滅朝鮮、使驛通於漢者三十許國、國皆稱王、世世傳統。其<u>大倭王居邪馬臺國</u>。樂浪郡徼、去其國萬二千里、去其西北界拘邪韓國七千餘里。其地大較在會稽東冶之東、與硃崖、儋耳相近、故其法俗多同。

　倭は韓の東南の大海の中に在る。山が多い島（なぶら）にいます。凡そ百余国で構成されている。武帝自ら朝鮮を滅ぼす。駅を通り漢の者を三十余国に使わす。国の主は皆王とよぶ。世襲である。その大倭王が居るのが<u>邪馬臺國</u>だ。大倭王は天皇、景行天皇、臺は高殿です。
　樂浪郡（樂浪［紀元前108〜313年］、西漢の漢武帝が紀元前108年に平定した衛氏の朝鮮）の国境、その國から萬二千里去る、その去る西北界の拘邪韓國7000餘里（拘邪だけ不要）。その地はだいたい、會稽（中国の古代郡の

名前で位地は長江の下、江南一帯をさす）の東に在る、紅色の山崖が見える。海南西北部、瀕臨北部湾に似て、その風俗習慣も似ています。

土宜禾稻、麻、蠶桑、知織績為縑布。出白珠、青玉。其山有丹土。氣溫暖、冬夏生菜茹。無牛、馬、虎、豹、羊、鵲。其兵有矛、木弓、竹矢、或以骨為鏃。男子皆黥面文身、以其文左右大小別尊卑之差。其男衣皆橫幅、結束相連。女人被髮屈介、衣如單單被、貫頭而著之、並以丹硃坌身、如中國之用粉也。有城柵屋室。

栽培に向かない土壌の稲谷（もみ）蚕の食する桑、蚕を使った絹帛（薄い絹織物）の知識を得る。白玉か真珠も出る、碧玉も。その山に焼き物に適した土もある。冬も夏も（茹、所食之菜也）（有菜茹池有魚）食する野菜がある。牛馬（野生種）、虎、豹、羊、カササギはない。その兵は矛、木弓、竹矢で、或は以って骨で作った矢ジリ。男子は皆黥面と刺青（『三国志』では男子はないと記載されている）、以ってその文は左右と大小別で尊卑の差がある。それは皆、規格の横物の衣装で、相連なり結束をする。女人は結って纏め、被りから出す衣装は単被に似ている。頭を貫き而之著しい、並びに身体に辰砂を振掛ける、中国の粉なり（中国からの輸入がある）。城が有り建物と柵がある。

父母兄弟異處、唯會同男女無別。飲食以手、而用籩豆。俗皆徒跣、以蹲踞為恭敬。人性嗜酒。多壽考、至百餘歲者甚衆。國多女子，大人皆有四五妻、其餘或兩或三。女人不淫不妒。又俗不盜竊、少爭訟。犯法者沒其妻子、重者滅其門族。

父母兄弟は別の所、唯、皆が一緒では男女の差別は無い。飲食は手で行い、而木や竹の食器を用いる。普通皆は裸足で、敬意を以って跪く。人性酒を嗜む。長寿である、衆は100余歳の者甚だ多い。国は女子が多い（奴国は越の郡が多く、そこに卑弥呼一族が渡来した女子兵、奴と言われた女

子が刺青をしている）。大人は皆4、5人の妻（『三国志』と違っている、あくまで女子は耕作人や機織り人、蚕の世話等の使用人）、その余り或いは両人或いは3人。女人は淫らでなく嫉妬しない。又盗み等をしてはならない、少なくても争い訴える。犯罪書のその妻を没収する。罪の重いものはその一族も消滅する。

其死停喪十餘日、家人哭泣、不進酒食、而等類就歌舞為樂。灼骨以卜、用決吉凶。行來度海、令一人不櫛沐、不食肉、不近婦人、名曰「持衰」。若在塗吉利、則僱以財物、如病疾遭害、以為持衰不謹、便共殺之。

その死から喪は10餘日、家人はしくしく泣き、酒食は控える。而に歌舞類等は楽しむ。骨を灼以って卜い用いて吉凶を決める。海を渡り行來する。一人に櫛も梳かさず沐（身体を洗う）もさせない、肉も食べない、婦人を近づけず、名曰「衰弱を待つ」。もし縁起を担ぐなら、以って財産で雇う。病疾や災害の如し、以って衰弱を待つことは不謹であり、之甚だしく簡単である。

建武中元二年、倭奴國奉貢朝賀、使人自稱大夫、倭國之極南界也。光武賜以印綬。安帝永初元年、倭國王帥升等獻生口百六十人、願請見。

紀元56年（是は中国の紀年東漢（丙辰）建武32年と同じで是は東漢の建武元年になるので57年）、倭の奴国（卑弥呼の国）朝貢に賀（祝う）する。使いの人は自称大夫（古代の官職名、卿の下士の上の位）という、倭国は極めて南の境界なり。光武帝（劉秀、紀元前5年1月15日～157年3月29、即に漢光武帝紀元25～57年在位、卑弥呼の時代は魏文帝［曹丕］）から以って印綬を賜る。漢安帝（劉祜、94年～125年4月30日）、即に漢安帝（106年～125年在位）しかし、政情が末漢まで不安定になります。

倭國桓、靈間、倭國大亂、更相攻伐、歷年無主。有一女子各曰卑彌呼、

年長不嫁、事鬼神道、能以妖惑衆、於是共立為王。侍婢千人、少有見者、唯有男子一人給飲食、傳辭語。居處宮室、樓觀城柵、皆持兵守衛。法俗嚴峻。

倭国、桓（Huán、烏桓）は倭國の烏丸一族との霊国（巻87西羌伝、擊零昌於霊州、西漢惠帝4年（前191年）魏武置霊州、霊武縣名、越が南下し白水郎もしくは有熊、熊襲）の間（わだかまり、溝）に倭國は内乱、更にお互いが攻撃する、今までまとめる主がない。其々の中から一女子が立つ、日、卑弥呼、年を取っていて（倭に渡来した時期は30前後か少し上）独身である。事は鬼神道（高句麗は鬼神道、卑弥呼は鬼道）、以って妖しげに衆を惑わすことができる。於いて之、王として供殉する。女性兵士や下働きが1000人、（入れ墨をしている）少し見聞きする人がいる。一人の男子（佐治？）が飲食の世話をし、語りを伝達する。居する所は宮室（宮殿でなく家屋）、樓觀城で柵がある。皆は守る兵である、規律は厳しい。

注目するのは烏垣と越、熊襲が既に倭国に存在し、卑弥呼一族が渡来し景行天皇の力を借りて統一したことになります。

自女王國東度海千餘里、至拘奴國、雖皆倭種、而不屬女王。自女王國南四千餘里、至硃儒國，人長三四尺。自硃儒東南行船一年、至裸國、黑齒國、使驛所傳、極於此矣。

女王国から東に東海（通常は日本を指す）1000余里、至る狗奴国（犬、奴隷と蔑視）雖は文頭には用いないが皆倭人ではないか。しかるに女王には服さない（南の熊襲の事）。女王國から南に4000余里、硃儒國に至る。そこの人の高さは三四尺。硃儒国から東南に行く船で1年かかる、裸國に至る。黑齒國、伝達に驛所を使う、極めて於ける此で終わる。

そして徐福の話に移りますが、徐福は秦の時代、紀元前200年の話、『三国志』の東夷、倭人伝は官渡の戦い（前は黄巾の戦い、後は赤壁の戦い）の時代の話ですから200年、その間の400年の話が見当たりません。こ

れで『後漢書』は『三国志』の倭人伝を参考にしたことがわかります。

　治會稽海外有東鯷人、分為二十餘國。又有夷洲及澶洲。傳言秦始皇遣方士徐福將童男女數千人入海、求蓬萊神仙不得、徐福畏誅不敢還、遂止此洲、世世相承、有數万家。人民時至會稽市。會稽東治縣人有入海行遭風、流移至澶洲者。所在絕遠、不可往來。

　會稽郡（中国古代の郡名、現代長江の下江南一帯）が海外の東鯷人（秦漢時代に台湾の台窩湾支族を称していた）を治めていました。24余国に分かれる。又、夷洲及澶洲（古代の地名）ある。伝説に因ると秦の始皇帝が方士徐福に童男女数千人を航海させる。蓬萊山に神仙（神話の中の神仙か仙人）を求めるがしてはならない、徐福は処刑を恐れ敢えて還らない。遂にこの州にとどまる。代々相承り、数万の家族がある。人民（労働者、農民）の時に會稽市に至る。

　『三国志』と『後漢書』の大きな違いはヤマトの表現です。『三国志』では「邪馬壹国之女王所都」と記されていますが『後漢書』では「伝統大王居邪馬臺国」と邪馬壹国、邪馬臺国、邪馬台国と変化し、台の字は臺より新しく台は壇、舞台を、臺は高殿を表しています。
　『後漢書』には「使驛所傳」と言う文章があります。これが正しければ既に馬が伝達方法に使われていたことを表し、同時に戦闘にも当然使われていたでしょう。卑弥呼は鬼道で民を治めていたので鬼神道と違っています。特に興味があるのは徐福神話が付け加えられています。
　徐福神話の内容は他誌の話とは違いますが『後漢書』の内容が『三国志』と違っていることがわかります。
　この『後漢書』の文書を信頼し誤った解釈もあります。福建省の東の台湾の話に徐福神話を加えているので、あたかも徐福が台湾の最後の地と思われ、徐福が楚（熊襲）から多くの技術者を連れてきたかもしれません。

『後漢書』と『三国志』の違いは、袁紹と曹操の取り上げ方が著しく違います。これだけでも性質が全く違うのがわかります。
『後漢書』の袁紹は巻74上、下　袁紹劉表列傳第64上、下　袁紹のみ他の巻は数人の見出しです。

　歷觀古今書籍所載、貪殘虐烈無道之臣、於操為甚。莫府方詰外姦、未及整訓、加意含覆、冀可彌縫。

　曹操の紹介（目録）はなく袁紹の文中に曹操は書かれています。訳してみます。

　古昔、今の歴史書の記載は、貧欲、残虐、無道の臣、甚だしく品が無い（操は相手をののしる時に使う）。ずるく周りを責めて、枝葉までまるごと叱る。特に含み話を覆せ注意する、なのに取り縫う（欠点や過失を）ことを願う。

　曹操の性質を書いていますが『三国志』では全く別で巻1「魏書」1武帝操、曹操です。二代目を巻2「魏書」2文帝丕、曹丕です。『三国志』と『後漢書』はこのことから全く性質が違うことがわかります。

　袁紹字本初、汝南汝陽人、司徒湯之孫。父成、五官中郎將。

　袁紹と曹操は格が違うということです。
『後漢書』の巻1下・光文帝記第1下では卑弥呼の朝貢より既に朝貢があったことが記されています。

　二年春正月辛末、初立北郊、祀后土。
　東夷倭奴国王遣使奉献。

２年は光武帝（劉秀）の建武（西暦紀元25～56年）の時代です。建武元年は６月、建武中元（西暦56～57年）２年２月（正月）に明帝に継承、明帝（劉庄）（永平18年）（西暦58～75年）、建初（西暦76～84年）、章帝（劉炟）（元和）（84～87年）章和（87～88年）。

　年代から考えると、明帝（劉庄）が皇位を継いだその年に朝貢をするのは崇人天皇になりますが、これは魏の明帝叡の景初２年６月の卑弥呼の朝貢のことで、話が三国志と後漢書が重複し崇人天皇と卑弥呼の朝貢が良く似ていて複雑にしています。東夷「倭奴国王」遣使奉献、の短文は「倭奴国王」と書かれています。卑弥呼しかいません。

　漢の明帝（劉庄）ですが三国志は明帝（曹叡）です。魏から漢奴国王の金印を授かったと説明ができます。各部族に金印、銀印、銅印を送るのは魏が他の国よりずば抜けています。

　秦始皇帝が亡くなられたと、古代中華（古代東亜、中国、朝鮮、越南、日本）文化の影響を受けた国家の形態として、国の帝王、その后妃、諸候、臣僚等一定の地位の人の死後に諡号を与えたと記されています。

　東夷倭奴国王は倭の奴国が卑弥呼以前にあり、その奴国の戦乱は起こり卑弥呼が治めた。これが正しければ徐福の渡来から時代の変化と共に中国の在る国とは交流が続いていたこと、徐福以前からも続いていたかもしれません。

　しかし『三国志』を記した西晋の陳寿は233～297年の作者です。それに引替え『後漢書』を記した南朝宋の作家范曄が史記、漢書、『三国志』、それに終わりに『後漢書』を入れて四史と言われています。

　范曄は当然、前の書を参考にしています。398～445年の范曄が200年前の話を書くのは無理があり、ほころびが目立ちます。

　陳寿が書いた『三国志』の生々しい文字、文章の工夫の素晴らしさ、正確さは『後漢書』の比ではありません。

　私は当初は袁譚説に傾きましたが、初めに曹操を持ってきて終わりに卑弥呼、劉夫人を持ってくる文章には圧倒されました。

第十章

鮮卑滅亡

　話が重複しますが、再度、確認してみます、調べれば調べるほど奥が深く闇に入っていきます。

　在東漢末年、中國北方的匈奴除了少量南遷、融入中原外、被迫西遷到中亞和歐洲。鮮卑人 成為蒙古高原的主人、一度建立了統一的檀石槐政權、後來陷入分裂。南遷的鮮卑人（慕容吐谷渾部）、甚至登上青藏高原、迫使那裡的羌、氐民族從今天的青海向西藏和四川遷徙、中國進入了一個規模空前的民族融合時期、這一歷史階段被稱為三國兩晉南北朝。
　但在歷史進程上、鮮卑是傾向於親晉的。

　東漢末年に、中国北方の匈奴を除いて少しばかり南に移り、融けこんで中原の外に入る。強いられ移り西に到る中亞和歐洲（亞洲中部地區、狹義上の中亞國家、包括五國、即土庫曼斯坦、吉爾吉斯斯坦、烏茲別克斯坦、塔吉克斯坦、哈薩克斯坦）。
　鮮卑人は蒙古高原の主人であり、一度は檀石槐の政權が統一建立するが、その後分裂に陷る。
　南遷的鮮卑人（慕容吐谷渾［約245〜約314年］、鮮卑族、鮮卑慕容部、首領慕容涉歸庶の長子、前燕奠基人の慕容廆庶兄、吐谷渾政權建立者）、甚だしきに至ては上に登りて青藏高原（青藏高原（Qinghai-Tibet Plateau）（亞洲內陸高原）中國最大、世界一海拔の高い高原、「世界の屋根」、南起喜馬拉雅山脈南緣、北至崑崙山、阿爾金山和祁連山北緣、西部為帕米爾高原和喀喇崑崙山脈、東及東北部與秦

嶺山脈西段和黃土高原相接、介於北緯26度～39度47分、東経73度19分～147度47分′之間）、羌（羌族の源古羌、中國西部の一つの古老の民族）を否応なしにあちらにいかせる。氐民族（[中國西北少數民族通史：秦、西漢卷] 西漢時代に西北少数民族歴史の記されている、地域が限定されている）は從って今日の青海に向き西藏和四川（藏族は中国古老の民族の一つ、今日も西藏、四川、青海、甘肅、雲南五省区廣大な地区で長期な生活が続いている）に遷徙（移動する）、この時期は中国に進入してから空前な規模で民族の融合が始まり、一つの歴史的な段階です。そして晋南北朝と三国に跨がります。

　東漢末年的袁紹就把自己的宗女嫁給烏桓等民族首領、又加封他們為單于。三國時期的魏國打敗烏桓後、把他們遷到內地成為重要軍事武裝。北方的主要地區都被鮮卑 控制、曹操徵關中、閻柔率鮮卑騎兵平定河間叛亂。

　東漢末年の袁紹は一手に握り、自己の宗女嫁に烏桓等の民族首領に就かせ給える。その上に彼らは単独で封をする。三国時代の魏国が烏桓を打ち破った後、何らかの処置を加え、彼らは重要軍事武裝の内地に還到る。北方の主要地区都は鮮卑に（控制）支配される。曹操は出征中でいない。閻柔率鮮卑の騎兵が河（冀州と青州）の間の反乱を平定する。

　在西部主要的鮮卑部落有軻比能、步度根、扶羅韓等、扶羅韓子洩歸泥降魏封為歸義王、軻比能為附義王。東部 的鮮卑部落有：素利、彌加、厥機等、建安中、通過閻柔上貢獻、封厥機子沙末汗為親漢王、延康年間、素利和彌加封為歸義王、太和二年素利的弟弟成律歸被封為 王。這些鮮卑貴族雖然歸附了曹魏政權、但是依然不斷南下入侵、例如軻比能聯合諸葛亮伐曹魏（牽招傳）。

　西部に主要な鮮卑部落には軻比能（三國時期の鮮卑民族首領）がおり、步度根（漢末魏初期の鮮卑の一人、蒲頭の弟）、扶羅韓（鮮卑步度根の中兄、兵

数万を抱え、自から年寄りと命名する）等、扶羅韓の子が洩らす歸義王（頡利可汗（579～634年）、突厥族、姓は阿史那氏、名は咄苾、啟民可汗の子）泥潯降るなか魏を封じるを為す。軻比能は附義王と言われる。東部には鮮卑部落があり、素利、彌加、厥機（鮮卑族の部落首領の一人、勢力は主に遼西、右北平和漁陽塞外一帯、軻比能死後、曹操の元に戻る、分別され王と為り厥機死、又立つ息子の沙末汗を親漢王と為す）等、建安中、狭い路地を通過し柔い上獸を貢ぐ。厥機の子、沙末汗を親漢王に封ずる。延康年間、素利と彌加に歸義王を封じる。太和2年に素利の弟、弟成律歸（中國三國時期の東鮮卑首領の一人）同じく王と為す。これらの鮮卑貴族ではあるけれども歸り曹魏の政権に従事する。但し是は依然として南下し侵入を躊躇っている。例の如く軻比能聯合、諸葛亮（諸葛亮［181～234年10月8日］、字孔明、號臥龍［也作伏龍］、漢族、徐州瑯琊陽都［今山東臨沂市沂南県］の人、三國時期蜀漢丞相、傑出した政治家、軍事家、外交家、散文家、書法家、發明家、文学）曹魏を征伐する。(牽招傳)。

司馬懿駐守關中時期加強了對少數民族的招撫政策、不僅 招降了武都的氐族苻雙、強端等。青龍三年還重新建立了朔方郡加強防禦北方鮮卑、不久軻比能被幽州刺史王雄派韓龍刺殺。景初二年、司馬懿平定遼東、鮮卑貴族 莫護跋率軍從征，因功封為率義王。

司馬懿（司馬懿［179～251年9月7日］、字仲達、河内郡溫県孝敬裡［今河南省焦作市溫県］人。三国時期魏國の傑出した政治家、軍事家、戰略家。西晉王朝の奠基人）は關中（渭河平原［Weihe Plain］、又稱關中平原［Guanzhong Plain］或渭河盆地、系地塹式構造平原。介於秦嶺和渭北山系［老龍山、嵯峨山、藥王山、堯山、黃龍山等の間］）に駐守（防衛のため駐屯する）した時代、少數民族の招撫（一旧招安 Zhāo'ān 2 宣撫する、人心を安定させる）政策に対し強化を終える。武都の氐族（中國古代民族、今の居住は西北一帯、東晉時代、北方に広がり西北に建立する前は仇池國、前秦國、後涼國が在りました）に投降勧告をするだけでなく、どちらかを選択させる、強く糸口さぐる等。

125

青龍3年（魏明帝曹叡的年号235年）、その上にもう一度建立了朔方郡（朔方郡は漢代の北方辺境郡の一つ、雞鹿塞［中国漢の時代、北の山あいの狭い険要の道］朔方郡で在るこの山で阻む西部長城［起点の嘉峪關］重要な軍事起点、匈奴と漢が和平交渉を行ったところ）にて北方鮮卑は防御を強化する。やがて軻比能は幽州の王雄（曹魏幽州刺史）派の韓龍（漢末三国の時代の刺客）に刺史される。景初2年（238年）、司馬懿（三国時代の歴史人物179～251年9月7日）が遼東を平定する。鮮卑貴族は従軍して出征し山野を歩き、軍を率いる誰も護らない。このために率義王（慕容部、魏晋時期鮮卑的一大部落。曹魏初年、首領莫護跋率部遷居遼西、從司馬懿討公孫淵有功、被朝廷拜為率義王、開始在棘城［今遼寧朝陽］之北建城）を封ずる。

とても生々しく記載されています。細かく探ればキリがない。それほど、多くの資料が殆ど正しく残されています。しかし、史記によっては違いがあり、史記全体の流れがわかれば何となく、もしくは、さもありなんと理解ができればよいと思います。

第十一章

壹興（Yī xìng［臺与］）と倭健

　臺与（トヨ）と倭健（ヤマトタケル）は卑弥呼の御子です。これを信じますか？　詳しく説明します。

　『三国志』倭人伝の項には「乃共立一女子爲王名曰卑弥呼事鬼道能惑衆年巳長大無年夫壻有男弟」と記されています。夫壻（夫）はなく男弟（弟）はあると記されていますが、御子に関しては記載していません。
　景行天皇は光武帝の政策と同じで、外戚を多く従え、親族による血統優先の国創りを目指していますから、卑弥呼一人が妃でも可笑しくありません。
　しかし、後年記された記紀ではこのことを見ることができません。理由は多々あります。そこの謎が重要です。『三国志』、「魏書」の項には「壹興」、『後漢書』では「臺与」と表しています。息長宿禰に引き取られ育てられた息長帯媛、後の神功皇后です。宗女臺与を和文に直せば、宋ノ女宗家の女、臺与です。
　印南別媛には小碓命、後の倭武（健）と大碓命、後の仲哀天皇です。大碓命と小碓命の双子の兄弟、次に稚根子命が誕生します。
　兄弟は似ていなくても双子の場合は良く似ています。景行天皇は顔立ちも身の丈も大きく違う健に人一倍の愛情を注ぎ期待をしたでしょう。
　成人になった健は父に認めて貰いたい一心で卑弥呼亡き後の倭を治めようとします。大和に従わない部族に武力で戦ったでしょう。かなり荒々しい手法で服従させた話は古文書で良く知られています。決して、特別

な話ではありません。景行天皇は最愛の健の強さに危機感が芽生えます。当然、次の後継ぎを考えていますし、大和も倭に征服されるのかと我が身亡き後のことを考えても可笑しくはないでしょう。伊吹山で倭健は毒を持った野草で亡くなります。自殺を勧めるには毒をもたせます。倭健と登与（息長帯媛）の出生は景行天皇も当然わかっています。我が子二人を卑弥呼は育てることはできません。理由は北九州倭国の奴国王朝が続くことは許せないのです。いずれ鮮卑、烏垣の郡と胡越の郡が主導権争いを興し、倭が不安定になるのは大和の望むことではありません。安定した倭国こそ大和に多くの物資をもたらします。

　しかし、倭健は亡くなりましたが、登与は息長帯媛となり神宮皇后となります。応神王朝から安定した国家運営が進みました。

　播磨で暮らした息長帯媛は十三才で仲哀天皇に嫁ぎ、穴門で８年暮らしました。息長帯媛の母親は卑弥呼、仲哀天皇の母親は印南別媛です。父君は同じですが、別にこの時代に不思議なことではありません。

　ここから、もう一人の立役者、武内宿禰が登場します。成務天皇と同じ年と言われています。景行天皇と成務天皇と仲哀天皇と神功皇后と応心天皇に勤めていますが、年代に注意しますと景行天皇の先后は印南別媛、御子は仲哀天皇、幼名は大碓です。後后は八坂入姫です。御子は成務天皇です。成務天皇が仲哀天皇より皇位継承で先に就いています。弟が兄より先になぜか後后の御子が継承します。しかし、いつの世でも皇位継承のトラブルはありますがこれも重要なことです。成務天皇と同じ歳と言われている武内宿禰が登場します。武内宿禰は紀州の人で大和に長年尽くした人と言われています。景行天皇、成務天皇、仲哀天皇、神宮皇后、応心天皇、と次の天皇まで務めていたのでその存在の信憑性を疑われていました。

　なぜ長期に亘って政治に長く携わっていたのか説明します。景行天皇は父親の年代です。成務天皇は同年代です。仲哀天皇は成務天皇の後を継ぎますが先后の御子です。故に成務天皇より年は上です。神宮皇后と

は同じ年代になります。応心天皇は子の年、次は孫の年です。決して記紀にしろ他の古文書も間違っていないのです。

　紀州の武内宿禰がなぜ、卑弥呼に絡むのか、答えは十分でないのですが、卑弥呼の居城、吉野里から西に足を運ぶと武内の遠祖が暮らした里があります。何らかの繋がりがあったかもしれないと考えるのも一つの説です。とても重要なことは武内宿禰の遠祖が済の人と言うことです。

　斉の徐福の渡来と数年の記録はありませんが、どこかで繋がっているかもしれません。

　登与、息長帯媛が13才で嫁いで越前敦賀の筍飯宮で半年暮らし、長門の穴門で8年暮らします。登与が21才の時に事件は起こりました。仲哀天皇が熊襲と戦っているときに矢が当り亡くなります。登与が懐妊したその直後です。その母親の卑弥呼も宗家族の血筋の女性です。景行天皇の間にできた御子が臺与です。秦の時代から宗の女子と外夷の高官、もしくは豪族の長に嫁ぎ生まれてきた御子を夏子と云っています。卑弥呼は夏子で、母親は宗家の女性です。中原の正統者、夏王朝の夏ですが華と後年に変換して明治になると、公家と上級武士は華族で下級武士は士族です。華族の華はアジア諸国では特別な響きを持った崇高な言霊なのです。

　卑弥呼の御子で宋家の血筋を受け継ぐ壹与は卑弥呼の手元で育てることはできません。息長宿禰の別称は伊志治です。伊志治が景行天皇の御子として生まれた登与（壹与）を卑弥呼から養女として引取り、息長帯媛として播磨の国で育てます。

　またヤマトタケル、倭武は倭の王ですが、生まれて直ぐに播磨稲日大郎姫、印南別嬢（媛）に預けられています。伊志治ならできるでしょう。なぜなら景行天皇に印南嬢を嫁がせた実力者です。それも印南別嬢は景行天皇の正后です。

　古語捨遺にも景行天皇の項に倭武が登場します。

至於纏向日代景行朝、令日本武命征討東夷、仍柱道、詣伊勢神宮、辭見倭姫命。
以草薙劍授日本武尊而教曰：「愼莫怠也。」日本武命、既平東虜、還至尾張國、納宮簀媛、淹留踰月、解劍置宅、徒行登膽吹山、中毒而薨。
其草薙劍、今在尾張國熱田社。未敘禮典也。

　説明します。
　ああ、纏向は日が代わり景行朝に至る。日本武命に東夷を征討せよと命じる。依然として曲がりくねった道、伊勢神宮に詣でる。倭姫命に別れを告げる。
　以って日本武尊に草薙剣を授け、教える：日本武命に「愼め（油断するな）怠りをするなかれ」、東虜（東の異民族に対する蔑称）を平定し尾張の国に至り還る。宮簀媛を納め、月を超えて長く逗留し、剣を解（鮮）ばらして宅に置いて伊吹山に徒歩で登り、中毒で而に薨（書き言葉で諸侯や高官が死ぬ）。
　その草薙剣は、今、尾張国熱田社に在る。礼典はいまだ行われず。

　倭姫と武の関係は系図では叔母と甥の関係になりますが、武の置かれている厳しい立場を考えれば、叔母が甥に我が身を守れというのは素直には受け入れられません。母が我が子を思う心がこの文章から滲み出ています。
　景行天皇と倭姫（卑弥呼）が最愛の武を亡くすのは言葉で表せぬほど辛い出来事なのです。

　肥前国風土記には、「昔者、気長足姫尊、到於此処、留為雄装、御負鞘、落於此村。因号鞘駅。」とあります。
　訳せば、昔、息帯長姫がここに至り留まって男の衣を装い、みはかしの鞘をこの村に落とした。そこから鞘の駅と号ずけられた。
　風土記には登与が男の装束をしていると記しています。母君、卑弥呼

が倭に渡来する旅で着用されたでしょう。戦闘服を装束し、心して決意を固めたのでしょうか。義父の伊志冶、息長宿禰の支援を受け、形だけの三韓征伐でこの事業のため隠していたお宝を持ち帰ります。短期間に朝鮮半島の敵を成敗して、播磨でも対抗処置の準備をしていますが、これでは息長帯媛が二人以上必要です。この話が偽りの話だとわかります。必ず戦いには軍資金が要ります。敵を倒すためには幾らあっても足らないのが軍資金です。かもしれない話をしなければなりませんが、伊志冶一党が交易で得た、もしくは卑弥呼が倭に渡るときに持ち出した莫大な財宝を大和に知らせず、この決戦のためにどこかわからないところに財宝を隠していました。この財宝を使って朝鮮半島からお宝を奪って来たと豪族を味方に取り込む為に渡した図式が見えてきます。古書には書いていませんが、これなら説明がつくでしょう。

　ただこの文章は気になります。旧事本記の短い文章ですが漢語で訳してみましょう。

素戔烏尊韓郷ノ之嶋ハ是有 ₋金銀 ₋若使 ₋吾誇大に言う兒所 ╰御之國ヲ₋ 不 ╰有 ₋浮寶 ₋者未 ₋是╰徃 一矣

　素戔烏尊は韓国の郷の島に金銀がある若使（[もしも、もし…ならば] われ「兒」がつくのは北方方言）所、御（天子）の国を持っていない。浮宝とは終わりに是は来る矣（動作、行為の実現や終了）。

　この話は卑弥呼の弟君である素戔烏尊が語っていて、島に貴重品（宝）が既に隠されたことを知っています。

　物事は決して突然起きた事故ではありません。いつの時代でも入念な計画のもとに実行されています。倭の古代文章は漢、魏より古い漢字を使っています。古代の文章を読むと神宮皇后が正規であって仲哀天皇の御子が反乱軍扱いで書かれていますが、これも歴史の流れです。

第十二章

徐福（xú fú）

　今から遡ること紀元前210年に、方士徐福は秦の始皇帝（嬴政）（紀元前259生年～前210没年）に命令されて不老長寿の薬を探しに童子3000人を伴って本洲嶋（倭）に到来します。後年、日本を離れ再び技術者を含む500人を伴って倭の日向に来たと言われているのが今までの通説ですが、幾つかの首を傾げる話に出会います。再度検証してみましょう。

　まず古書に記されている童子3000人の移動は不老長寿の薬を探すのが目的と言われていますが、名目です。不老長寿の薬を探す仕事は幾ら大人数でも、童男、童女ができるとは思えません。この行動は戦争で親を亡くした子供達に見えてなりません。始皇も童男、童女の命まで奪えなかったでしょう。徐福が童子を引率し安全な場所に避難させたと思ってしまいますが、徐福が始皇帝に命令されたのでしょうか？　それとも徐福がこの話を始皇帝に持ち込んだのでしょうか？　このどちらでも良いことが重要です。

　不老不死または長生不死とも言いますが、この話の初めは徐福ではありません。燕国秦朝著名方士卢生：lú shēng です。二番目にこの話を始皇帝に持ち込んだのが斉国方士徐福です。

　この時代を検証してみますと、西の端に位置する秦亭村は始皇帝の故郷です。遊牧民族の秦亭村は名馬の産地ですが、いつしか力をつけて中原に攻め入ります。度々の戦闘に敗北をしましたが、果敢に攻めいり遂に周を滅ぼして秦を建国します。始皇帝は度々の巡行と占領した国を統

治するため権力者に秦の女性を嫁がせます。夫婦の間にできた御子を秦の子とは言わずに夏子と言います。始皇帝は西戎の秦亭村の出自だから敢えて、征服した国を治めるために秦を表に出さずにこの方法を取りました。

しかし、斉国の統治には今までと同じ戦略は通じません。斉国は夏王朝の末裔です。武力で統一すれば始皇帝はやはり西戎部族の王だと見下されます。これは耐えられないことです。

幾つも考えられたでしょうがこれが一つの手段だったかもしれません。始皇帝は夏王朝の正統性を示す手段として、中原の範囲を広げて西戎の秦も夏王朝の末裔だと宣言します。

しかし、始皇帝の巡行には斉国まで訊ねた記録があります。燕、斉国から北に向かい、鮮卑、匈奴があるのですが、向かった形跡はありません。北の民族まで関心がなかった。それでも度々自軍を送りますが匈奴を滅ぼすことはできません。北に位置する西の匈奴と東の胡（後の鮮卑）は戦い、一方的に匈奴が胡を追い詰めます。追われて鮮卑山に避難した胡を鮮卑族と言います。烏丸山に避難したのが烏垣族と言われています。

烏はピンインでwū「う」です。日本読みではからす、鳥の「う」は鵜と記します。

烏鵜はカラスの中国語です。鳥と言う文字は一つで使いません。烏と鵜、いずれも黄泉の国に帰る人の姿を現していると信じられていました。人の初めは白鳥から色々な色に染まり黒くなりますが民族はどうでしょうか？

鮮卑族には昔話が残っています。

胡が匈奴に追われて、その後の対策を練るのに長老が集まりますが、妙案はありません。

鮮卑山の嘎仙洞から後年に金飾牌の鹿が三頭並んでいる黄金の飾りが出土しました。鮮卑人古老伝説では、そこに神のお告げを知らせるために白鹿が現れ、大湿地帯の川が流れる達里湖と大草原に白鹿が案内します。白鹿の鹿は寒冷地の鹿ですからトナカイで日本の鹿ではありません

が、日本でも鹿は神の使いと古来から言われています。

　烏丸山は烏（鵜）の居住地です。この故事から探してみますと北に広大な鮮卑山があり南に烏丸山があります。

　秦が胡を守る理由を説明できれば、徐福の伴った童子が胡の童子（わらべ）であることの確認ができます。

　秦が全土の半分を制圧した戦国七雄の紀元前260年頃、万里の長城の南、胡に接している燕、南が斉、西に越、南に魏、その下に小国の韓、これらを合わせた広さの楚が南にあり、これら全部合わせた広さで西に秦です。

　秦末期戦乱の時代は燕、斉も東胡まで追われてなくなります。

　時代背景から考えると、秦の童子ではなく燕、斉、東胡の童子と言えます。

　幾ら説明しても不老長寿の薬を探しに童子を連れて徐福一人で来るわけがありません。童子を守る秦、胡の兵士、医師、世話人等、数千人規模の多くの人が倭に来たと考えます。なお、初期の弥生人として渡来している説もあります。

　既に出雲姫原西遺跡から弥生期の最新鋭の武器の弩弓が見つかっていますので、弩弓と徐福を古文書から少し引き出しましょう

　因為第一次入海求仙藥、数歳不得、白費了巨額銭財、恐怕遭到譴責、乃詐称：「蓬莱藥可得、然常爲大鮫魚所苦、故不得至、愿請善射与俱、見則以連弩射之。」秦始皇因「夢与海神战」、便相信了徐福的詐言、再次派徐福出海、并配備了強弩射手。

　仙薬を求めるために第一回目の海に入るが、歳を数えても得ることはできずに巨額の金銭財物をむだに使う。おそらく（不利なことに）遭遇するだろう責任を責め、再度偽りを称す：「蓬莱なら薬を得ることが可能だ。常に正しいことを言っている大鮫魚の所で苦心していては、これでは得ることができない善き射手を、どうか全部揃えてください」秦始皇

はこのために「海神戦に夢を与えよう」、と都合よく信じ徐福は嘘を言って再度海に出る。強弩射手を並べ配備する。

　強弩射手だけでなくこの文章には多額の費用も掛かったと生々しく記されています。まんまと徐福の策略に始皇帝が載ったのか、始皇帝はわかりながら騙されたのか、とても苦笑がもれる面白いやり取りです。二度目の渡航にも武装しなくてはならないのか？　目的地が違うと言うことかも知れません。この文章は見事に表現しています。
　胡（烏丸、鮮卑族）の人が南下し、胡（胡越）は南下した後、北上して倭に渡来します。多くの異なった部落からも来ました。胡の人達も多種族であるのは間違いないでしょう。胡（燕、斉）の人達の大移動です。
　秦は蒙古高原の遊牧民です。胡も同じ蒙古高原の遊牧民、多くの部族に分かれても遠祖は同じです。秦は胡に秦の女性を嫁がせ胡とは同盟関係をつくり、胡から鮮卑に変わっても後漢の時代まで続きます。唐の時代の唐太宗、李世民（598～649年）の文德皇后、長孫氏（598～649年）が鮮卑族、いつまで続いたのでしょうか。
　始皇帝は縁故や賄賂による役人の登用を廃止して、実力主義による官僚制度を創りました。このシステムは近代まで続いています。数多くの異種の民族を纏める始皇帝です、不老長寿の薬が見つかることを願っていても現実主義の始皇帝は結果をわかっています。
　可笑しいとは思いませんか。不老長寿の薬を求め、なぜ、童子を派遣するのでしょうか。匈奴に戦勝できず胡も守れない始皇帝の面子を保ちながら胡の童子を救うためと始皇帝と徐福が考えたのではないでしょうか。初めにこの話を始皇帝に持ち掛けたのは徐福ではありません。神仙に四人の方士がいると名前が残っています。
　韓终（韓生）、徐福、侯生（侯公）、卢生等です。古書に見受けられます。この４人に共通しているのは姓の初めの一文字がいずれも古代から続いているものであることです。
　徐の遠祖の姓です。"嬴"姓爲、中国の古い八大姓（姜、姬、姚、嬴、姒、妘、

妊、媯）、嬴姓十四氏（徐、江、秦、越、黄、梁、馬、葛、谷、繆、鐘、費、瞿等姓氏）。

　まず始皇帝は盧生に話をしました。外国の図書を多く国内に持ち込んだ盧生は、韓終、徐福、侯生と共に不老長寿の薬は三仙山にあると始皇帝に説明しますが、様々な文献には必ずしも不老長寿の薬を求めたとは記載されていません。

　始皇帝は徐福に不老長寿の薬が三仙山にあるので探してくれと倭に送り出しますが、始皇帝は秦亭村の西戎の人です。中原を征服し周りの国も占領し始皇帝の秦国が正しく華王朝を継いだ国と正統性を発しますが、始皇帝の考えの素晴らしいのは逆転の発想で中原のまわりの国も含め夏王朝として正統性を主張したことです。しかし徐福には通じません。徐福は華夏族の斉の人ですから夏王朝の民族の血を継いでおり、徐福は始皇帝に対して対等、もしくは上位かも知れません。匈奴を倒せない始皇帝、そして胡を守ることもできない始皇帝は面子を保たなければなりません。徐福が始皇帝の面子を保つため、この筋書きの計画をしたと捉えればおかしくはありません。

　始皇帝が童子の保護を考える理由は他にもあります。始皇帝の父君荘襄王が敗れて脱出するときに、政（始皇帝の幼名）と母君趙姫は取り残され敵地の中で追われる身になりました。幼少期（童子）のこの体験が始皇帝に怜悧な観察力を与えたといわれています。

　また、この時代は他の国と同盟関係を結ぶと「陽子」としてお互いに王の子を人質に出さなければなりませんが、いずれにせよ毎日恐怖の中で生きていく壮絶な話です。後年に我が国でも子を人質に取る行為は多く行われました。

　秦の保護者と胡の童児の旅は、朝鮮半島の北西に位置する胡の国から縦に北から南に横断しますが苦労が続く旅です。船団は、古書によると２階建ての舟と言われていますが、中国の古代の絵画に描かれている（この当時より後の舟）舟を見れば古代の人も乗船できるがかなり低い雨除け

の屋根でこれなら着岸しても住まい代わりに使えると考えます。そして小さな舟と大きな船と文字が違います。当時の技術の粋を集めた大きな船だったのでしょう。

　どこに上陸したのでしょうか。諸説ありますが朝鮮半島から倭ではなく古代出雲の国に上陸します。説明するのに適していますから話を進めますが、日本海を渡る船は何隻でしょうか。既に構造舟もあり小形の舟でも6人の漕ぎ手を含め、30人なら100隻、何度も往復したかもしれませんが終わりは数隻泊まったでしょう。なぜなら最初の生活基地として必要不可欠だからです。

　そのような船団を泊めることができるのは、斐伊川から上流は室原川。7世紀に編纂された出雲風土記には、須佐郷とあります。

　郡家正西一十九里。神須佐能袁命詔、此国者雖小国、々処在。故、我御名者、非着木石、詔而、即巳命之御魂鎮置給之。然即、大須佐田・小須佐田定給。故、云須佐。即有正倉。

　なぜ、須佐に拘るかというと胡の童子を胡の人が擁護するとは考えられず、秦の人が擁護し本州島（日本）に来たと考えています。
　様々な訳がありますが、須佐郷の西南に位置するのは波多郷ですが、秦（漢越音 nhà Tần 倭音 Hata）の文字を読み、声を出せばハタと聞こえます。

『後漢書』の倭伝も倭国の云々の後に

　又有夷洲及壇洲傳言秦始皇遣方士徐福将童男女數千人入海史記求蓬萊神仙不得徐福畏系誅不敢還遂止此洲世々相承有數萬家人民時至會稽東治県人有入海行遭風流移至壇洲物所在絶遠不可往来・後漢列傳七十五十九。

　とあります。

138

北に上がると出雲郡健部郷があります。我が民に我が子の名を忘れないで、と景行天皇が願い、郷の名前を付けたと言われています。
　倭健命、日本武尊でヤマトタケルと言います。武は景行天皇と同様な政策を行っている光武帝から、武か神武天皇の武を自ら成人した小碓に付けたとすれば考えすぎでしょうか。
　卑弥呼の弟と言われる素戔鳴の名前を冠した須佐郷の北に位置します。叔父の上側に甥の名前の健部郷があります。何らかの意味があると考えるのが自然です。
　徐福は饒速日命（迩芸速日命／邇芸速日命：櫛玉饒速日命：天照国照彦天火明櫛玉饒速日尊）とも言われています。
　出雲国で彦火明命は高照姫と結ばれて五十猛（香語山）が生まれます。
　徐福は最初の計画が完了すると出雲から脱出をします。
　播磨風土記の飾磨郡に

　昔、大汝命（出雲王）之子、火明命（徐福）、心行甚強。是似、父神患之、欲遁棄之。乃、至因達神山、遺其子汲水、未還以前、即発船遁去。於是、火明命汲水還来、見船発去、即大瞋怨。仍起風波、追迫其船。於是、父神之船、不能進行、遂被打破。

と記されています。
　疑問ですが、何もこの地の暮らしに不満がなければ態々、脱出せずに暮らせば良いことです。しかし、この事件には計画性が感じられます。秦に帰り始皇帝と経過報告と時期計画を練って工匠（技術者）を中心とした第二次計画は、日向に技術者（楚の人）を含め500人の集団が渡来します。不老長寿の薬を探す話と何の関係もありません。
　倭国の日向に工匠集団と上陸した彦火明命は市杵島姫と結ばれ彦穂穂出見（物部家）と穂屋姫をもうけています。
　戦闘で犠牲者を出したのではありません。同和政策を願い徐福は出雲

王大穴持の娘市杵島姫と暮らし、日向では彦穂穂出見と暮らします。気付きましたか、本紀は中国語で、本記は日本語です。

　徐福渡来の後に物部一族の東征が『旧事本紀』に記されていますが、少し長文です。多様なことが書き込まれていますから奥深く掘り下げて下さい。

　　高皇産ノ靈尊勅ニテ曰若有二(左)葦原ノ中國之敵一(左)拒二(左)神人一(左)而待一(左)戦者能爲二(左)方一(左)便一(左)誘欺防一(左)拒而令治平人三十二並爲防衛天降共奉矣

　　天香語山ノ命　尾張ノ連等ノ祖（ネが示）　天ノ釦（口が田）賣命　獦女君等ノ祖　天ノ太玉ノ命　忌部首等ノ祖　天ノ兒屋命　中臣連等ノ祖　天ノ櫛玉ノ命　鴨縣主等ノ祖　天道根ノ命　川瀬ノ造等ノ祖　天ノ神王ノ命　三島縣主等ノ祖　天ノ椹野命（天村雲命麗気有之）　中跡直等ノ祖　天ノ糠戸命　鏡作連等ノ祖　天明王ノ命　玉作連等ノ祖　天牟良雲命　度會ノ神主等祖　天背男命　山背久我直等ノ祖　天ノ御陰命　凡河内直等ノ祖　天造日女命　阿雲連等ノ祖　天ノ御平命　久我直等ノ祖　天ノ斗麻（痲参照）彌命　額田部湯坐連等ノ祖

　　天背斗女ト本男命　尾張ノ御中嶋海部直等ノ祖　天玉櫛彦命　間人連等ノ祖　天湯津彦ノ命　安藝國ノ造等ノ祖　天神魂命　葛野鴨縣主等ノ祖亦云三統彦命　天三降命　豊田宇佐ノ國造等祖　天ノ日神命　縣主ノ御對馬縣主等ノ祖　乳速日命　廣湍神麻（痲参照）續ノ連等ノ祖　八坂彦命　伊勢神麻（痲参照）續ノ連等ノ祖

　殆ど建国に近い話です。

　祖国に残った人達はどうしたのでしょうか。始皇帝は匈奴の侵入に既に造られていた万里の長城を平原に完全にめぐらせることで北からの侵攻は収まりましたが、北胡民の一部が沿海州に沿って南下し百越帝国に入ってきます。百越帝国と始皇帝は７年に亘り大小の戦いを繰り返して

いますが、全域を占領したわけではありません。重要なことは胡と越南に接点があった民族との融合があったということです。

蓋の紋章

秦は戦いましたが思うように占領できず、長期の戦争は消耗が激しく効率が悪いため同和政策に変えていきます。時には相手国の宗教行事さえ受け入れたと伝われています。華夏族の女性を各部族の有力者に嫁がせ、その夫婦にできた子を夏子と言います。秦の子と云えば争いの種になりますから同盟関係に重きを置き、勢力を始皇帝は中原全土に広げていきます。

「数百名工匠、兵員出海求取生不老之薬故事」と徐福東渡伝奇に記されていますから、多くの胡人の童子の移動があり、楚から工匠や兵士等が渡来しています。

徐福のこの話、もし不老長寿の薬を手に入れたなら童子を秦に帰すのでしょうか。始めから帰す計画はありません。これは形を変えた追放です。

なぜ、秦の始皇帝はこの計画を立てたのでしょうか。胡、燕、斉の芽を摘みたかったのだと思います。秦は夏王朝、華夏族を葬り、秦が中原の初代王朝の正統性を名乗るのが目的です。

この時代の勢力地図を見ると朝鮮半島の西は中国大陸です。渤海湾の北に位置するのが燕（漢語 Yàn）で、朝鮮半島の北から南に半分以上が勢力圏です。燕の童子だとわかります。

斉は秦と同盟したのに燕はなぜ滅びたのでしょうか。最後の王を説明

します。

　燕王喜、姫姓で名は喜、燕孝王の御子です。戦国時代の燕国の最後を任された君主です。28年（紀元前227年）、燕は兵臨易水（河北易縣）秦国の攻撃を受けます。燕王喜の御子、太子丹派荊軻は秦舞陽の人、破れます。燕王喜29年（紀元前226年）秦王派の王翦率軍秦王政派王賁（生卒年不明、秦朝の有名な首領、華夏族）が燕を討伐します。同年10月に燕都薊城が破れ、燕王は遼東（朝鮮半島の北）に逃亡します。太子丹は秦に和を求めます。燕王喜33年（紀元前222年）、王賁は破れ遼東で燕王喜は捕えられます。燕國の滅亡です。
　秦在燕地設漁陽郡（故城あり今、北京密雲県西南）、右北平郡、遼西郡及遼東郡等。
　燕が滅亡した年です。この後に童男童女を出雲に送り込んだと考えても良いでしょう。

　紀元前1042～1021年の出来事です（山海経、海内北経）。

　「蓋國在鉅燕南、倭北、倭属燕。」春秋或戰國時期。國與後來史書中的辰國謂之大體相當、是朝鮮半島南部的部落通稱。辰國被認為是三韓的前身、其都城可能在漢江之南。

　蓋國は大きな燕の南に在り、倭の北で倭を同種、倭は燕に属す。
　春秋の戦国時代の後に蓋國を興す史書では辰國とおおよそ同じである。これは朝鮮半島南部の部落の通称です。辰國に認めさせる。そしてこれが三韓の前の姿です。その都城（魏の地）は漢江之南に在るかも知れない。

　紀元前1000年の話ですから、その流れで渡来人が多く来たと言えるでしょう。

周初成王の時期に、盖国多次起兵反抗周朝に、盖国の貴族周成王が平定する、姫誦、姫姓、名誦、周武王姫發の子、母邑姜（齐太公呂尚の女）、西周王朝第二位君主、在位21年。

　ここでどう解釈したらよいのか。倭は（を、Wō）、盖は（Gài）ですが（Wō）は瓦です。Wの子音が第1〜3迄が瓦ですが第2声は又、盖と読みとれます。瓦、盖と2通りの読みが存在します。当然、倭人は子音が第2声ですから「わ」は盖の国のことかもしれません。もしかして？「わ」というならばそれは盖の人々を指しています。

　胡が夏王朝の末裔であることを証明しなければなりません。
「東胡者是秦之亡命者也」秦が華夏族を名乗るなら之亡命者も華夏族です。逆に東胡こそ燕、齐と追われた華夏族です。徐福、卢生は華夏族です。当然、童子も華夏族です。
　注意深く資料を読んでいきますと、信じられない話ですが渡来した童子及び童子の援護者は華夏族で、夏王朝の末裔が本州島や倭に渡来したのです。日本人の遠祖は華王朝の血が流れていると言っても過言ではありません。

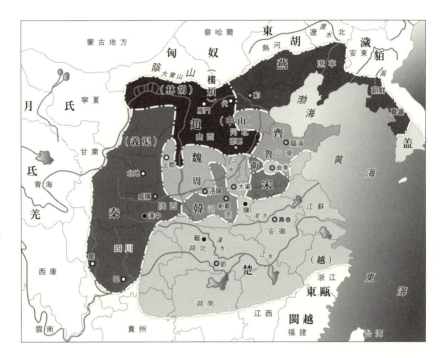

紀元前200年ころの勢力図。胡、燕、斎を中心に華夏族ですが、秦が政略を延ばし、これらを含めて華夏族と始皇帝が名乗りましたが、秦は西戎だとこの勢力図でわかります。

第十三章

白水郎

　　古い辞書を引きました。白水郎（「白水」は中国の地名）は海人と記載されていますがこれではわかりません。手掛かりとなる「白水人」が居住した中国古代の地名を調べてみますと、古越の人が暮らした地の足掛かりになるかも知れません。

　　万葉集、豊後国風土記に白水郎と出てきます。倭人伝に関係がある文言を探してみます。最初の倭人伝の倭水人の説明は不要です。次に白水郎は倭に種禾稲を持ち込んだと記載しています。禾稲を訳しますと稲谷、稲谷をもう一度訳しますと「もみ」ですが、白水郎の栽培した土地は文字から読みとれるかぎり恵まれた環境ではなさそうです。

　　倭人伝に記載された「烏越等詣郡説相攻撃」烏（烏垣）と越（胡越）等の郡に詣で総攻撃の説明をする、を倭人伝で拾ったときは驚きました。そこにはしっかりと烏丸と胡越の郡が奴国にあったことを証明しています。

　　わかっている資料によれば、胡が前206年に匈奴に敗れ各地に散ります。はじめは西の匈奴と胡は一部重複し、バランスよく国がありましたが、度々の戦争で散っていきます。北の胡は西南に、南の胡は南に、そのまま同化し時には戦いながら、北の両越（西の越の都は河内ハノイ）の移動とともに下がっていきますが、途中、南西に追われて山岳地帯に留まったのは白水郡青川県北の古代の地名、白水郡です。

　　正確に記すと、青川県地の處四川盆地北部の辺緑、白竜江下游、川、甘、陝三省の結合部、位于東経104度36分～105度38分、北緯32度

12分〜32度56分、處于中国中西部交接地帯上、と中国の資料にあります。

北緯32度は日本では五島列島の南西に位置する東シナ海に浮かぶ島嶼群です。長崎県五島市に属します。

これ以上余り白水郡の古い年代は覗いても複雑ですので調べません。太祖刘邦元年（前202年）北魏孝文帝太和3年（479）没、兼萌易県の名、白水ですが、太祖刘（劉）邦は刘姓です。卑弥呼の母君の遠祖です。

白水県部分の村の名前の由来です。

根据梁志（白水県志鎮堡）記載、秦漢時期以游牧経済爲主的少数民族、向往稳定的農業（安定した農業の憧れ）定居生活，向内地迁移（内地に向かい移動する）白水県境内的雷牙、雷村、大雷、小雷、鉗耳溝、南井頭、北井頭、扶蒙村、阿東、子阿、庫朶、弓家嘴頭、阿堡等、均系姓氏和部落名称演变而来。這只是美好的伝説（それだけ美しい谷です）、但是与歴史事實不符（しかし歴史は事實として一致しません）、白水県的地名大多数是由于在南北朝以前白水居住着許多古代少数民族、主要有羌氏等民族、他們以部落名称命名村落名称、至今許多村名仍保留着鮮明的痕迹、扶蒙氏是其中的一個部落、白水县的扶蒙村、合阳的西扶蒙、南扶蒙、西蒙、澄県的伏龍、南伏龍等應該是羌族姓「扶蒙」的異譯。這是有歴史記載的。

村民が胡、鮮卑の人達なら「北胡南越是同」のここから倭に渡ってきた証となります。

一、西固鎮扶蒙村
据清朝乾隆（梁志）鎮堡志記載、自秦漢以来、由於少数民族與漢族的融合、時就有扶蒙村。

少数民族と漢の統合以来、その後、扶蒙村となります（北方民族蒙と漢

とが統合した)。

　上世紀七十年代、在該村出土的陶罐、經文物部門監定為漢代陶器、證明漢代就有扶蒙村。

　前世紀70年代、この村で陶器が出土しました。文物部門の監督者が漢王朝代の陶器と、漢代に扶蒙村にあったと証明している。

　「及至秦始皇……乃使蒙恬北築長城而守藩籬、卻匈奴七百餘里、胡人不敢南下而牧馬、士不敢彎弓而抱怨」後、秦王贏政的公子扶蘇和大將軍蒙恬勝利班師回朝、在回來的途中、路過這一帶、晚上住的村子叫扶蒙、即扶蘇和蒙恬所住的村子。

　「秦の始皇帝に至るまで……再度、もし蒙に平然とするなら北の守りに藩籬 長城を築く、賊の匈奴は700餘里、胡の人、南に向かって牧場とする。士は不敵に彎弓と怨み抱いて挑戦する」秦始帝の贏政（[前259～前210年]贏姓、越氏、名政、又名越正[政]の後、扶蘇和[？～前210年]、姓贏、是秦始皇の長子、母親是鄭皇后、因其母是鄭國人）大将軍は蒙（匈奴）に勝利し凱旋軍となる。帰路の途中、この領域に通過する。夕方に扶蒙村子（村落）住人が叫んだ。即に扶蒙と蒙の村落の住人は和する。
ばんりのちょうじょう

　据白水県馮雷鎮耀卓（井氏家譜）記載、井、王兩家先居孚孟村（即扶蒙村）、是在元朝、距今六百多年。另據（西固社志）、扶蒙由於該村姓蒙戶不多、為了扶持興旺發達而得名。

　白水県は馮雷鎮、耀卓（地名）井氏系図に記載、元朝の間600年さかのぼると、井、王両家は先に扶蒙村に居た。另據、小さな扶蒙村に蒙姓の家が適当にある。村の名前を興すため支援する。

147

古人類為了便於防守、都是擇河畔、溝邊而居。扶蒙村三面環溝、南北夠深有溪流、東邊臨河接近洛河、既便於飲水、又便於防護、是古代人類居住的理想環境。所以、扶蒙村歷史淵源長流、是有一定道裡的。

古代人の防衛を容易にするために、都、河畔を選ぶが、溝の邊（不安なさま）がある。

扶蒙村は三面、溝に囲まれている。南北に深さは夠（十分ある）溪流、東近くの河を選び河で浴びる。既に飲料水として使っているが、又防護もできる。是、古代人類の居住として理想的な環境だ。そのため、扶蒙村が歴史的長流の根源というのは一定の道理である。

二、文化村

文化村、並非当地村民古時多有文化、是因爲古時此処多少數民族、属于蛮夷之民、凶悍且好斗、后来宋代一県令、覚得要教化村民、用什麼教化？要「以文化之」、即用文明、用知識教化、所以起名文化村、東文化、西文化以範圍而命名。我們附近澄県的善化、以及外地德化等等、都是「以善化之、以德化之」的意思。

文化村、現地の村民には古代の時代に並みではない多くの文化がある。多くの少数民族がここにいました。かなり蛮夷の民を帰属させました。その後宋代に一県知事が来て、凶暴で闘うのが好きな村民を教育し感化させた。何で教化しなければならなかったか？　「文化」が必要なのである、文明、知識を教えること。所以って文化村という名となり、東文化、西文化で以って範囲而名付ける。私たちの近くの澄県の善化し地方の土地の德化にも及ぶ、いずれも「善化、德化」の意味である。

三、馮雷鎮大雷村和小雷村

雷祥、白水県大雷公村人、黄帝時任処方（医薬官名，今［処方］亦由此名演変而来）、能医善陶、既是中国医薬学的創始人之一、又是陶瓷業的先祖、

各地窯神廟均供奉之、尊稱亞雷公。雷祥殁后、葬于大雷公村東北的鳳凰溝畔、墓塚圓錐形、高二、五米、周長二十四米、墓前建有雷公亭。

　雷祥は白水県大雷公村人で黄帝の時に医者として赴任する。良い医者で、中国医薬学的創始人の一人であり、又是陶瓷業（陶磁器業）の先祖であった。各地の神社に窯を奉納し、雷公として尊敬された。雷祥の没後、大雷公村東北の鳳凰の溝畔で葬儀をする。墓塚は圓錐形で高2.5米。周長24米、墓前に建てた雷公亭がある。

　先民為了緬懷這位創造者、在其墓前建起雷公廟、元朝至正12年（1352年）貢生潘墾重修雷公祠、樹有石碑。明清（白水縣志？～？六？一方技）中均記載著雷祥的生葬地及功績。現雷公廟已重修、墓塚仍在、清道光年間建樹的一通碑石、今在杜康廟內陳列。為了紀念雷公的貢獻、後人在他出生的村莊就用他的名字命名此村。小雷村也是因為這個原因。

　祖先の創造者の記憶を大切にするには、その墓の前に雷公廟を建てる。元正年12年（1352年）貢生（首都の最高学府"国子監"に入学した者）潘が雷公祠を修復、石碑と樹で囲う。明清（白水県志？六？一平方技術）中頃に雷祥の功績と埋葬地を記載している。
　雷公の貢献を記念し、今、雷公廟を修復する。集団墓地残されている清朝の時に記念を建て、今、杜康廟（杜姜の寺院）で陳列されている。雷公の貢献を記念し、その後、彼の故郷の村ではこの村に彼の名前を使う。小雷村とはこれが由縁です。

四、馮雷村
　馮雷村一般的說法是因為村子居住著馮姓和雷姓而得名。但另一種說法是、黃帝時期馮雷居住著一個少數民族部落叫方雷（縲）氏、古代縲與雷通用、黃帝曾經娶了方雷氏女子為妃、方雷妃發明梳子、以及發明了養蠶技術、受到了後人的尊重、現在在黃帝陵的宣傳資料中還有記載。

馮雷村は馮姓そして雷姓の村人の名から来ているといわれている。一つには、黄帝の時期は馮雷居住区に雷（縲）氏と呼ぶ一つの少数民族部落があり、古代から縲となす雷であった。黄帝は曾經を妃に娶とり、雷氏女子と為す。方雷妃は梳子（櫛）を発明し、それから養蠶技術（養蚕技術）を発明する。後の人に受け入れ尊重される。現在、黄帝陵の宣伝資料を移し記載している。

　方雷氏部落中還有一位聖人即雷公、雷公即大雷村人、他發明了造碗、還對祖國醫學事業做出了貢獻。有興趣的朋友可以在（黃帝—素問）中看到記載，方雷氏部落居住的村子叫方雷，後來多次傳改，特別到了唐代白水屬馮翊（今大荔）、雷姓發展成一望族，文人便寫作馮雷，今天如果你留心會發現馮雷周圍對馮雷叫法是否還叫方雷莊。

　方雷（方氏の始祖。姓は姜、方、雷、鄺三姓同源）氏は部落中、最高位の聖人、それが雷公。雷公こそ大雷村人です。他に茶碗を発明し作り、さらに故国の医学事業について貢献をしました。興味がある友達がいて（黄帝～素門）中を見て記載に到りました。方雷氏部落に居住した村人は雷と呼びます。それから多々伝え直し、特別に唐代の白水属馮翊（古代の地名、今大荔）に至り、雷姓は発展し名門となる。文人が馮雷の文を作る。今日貴方は心がけて現馮雷の周りを発見するに対し、馮雷と呼ぶか方雷庄と呼ぶかの是否が問われる。

五、南乾村
　南乾村的來歷，是因為南乾位於橋溝南端，橋溝在清朝以前叫鉗耳溝，鉗通乾，過去清朝的（白水縣志）南乾也叫南乾兒，鉗耳是古代北方羌族和氐族的一個少數民族部落。

　南乾村の来歴は、南乾（福建宇德福鼎市山前街道南乾村）が橋溝の南端に

位置しているためである。橋溝は清朝の前からあり鉗耳溝と呼ばれ、鉗と乾は通じていた。過去清朝の（白水県志）南乾も南乾兒と呼んだ。鉗耳は古代の北方羌一族と和氏族の一つの少数民族部落です。

六、荒地村

　　馮雷鎮「荒地村」、村名來歷：荒地是一個總的概括,它包括馮雷的新莊村、新生村、荒地村及北礦、都位於馮雷西部、那里以前就是一片荒地、只是在中國內亂抗戰時、山東、河南…大部移民陝西（中華重要文明の発祥の地）、來到了荒地、因此叫荒地村、後分為荒地、新莊、北礦、新生、小北乾等,北礦、新生、小北乾不能列入此範疇、北礦在清朝已經存在、新生是回來外地人投奔礦區形成的村落、小北乾是清朝乾隆時期已經存在的村落、也是由古代少數民族鉗耳氏族形成的村落、同南乾一樣，這在白水縣誌有明確的記載。

　　馮雷鎮「荒地村」、村名の来歴は荒地これ一言で概括できる。それ馮雷の新庄村は、新しく生まれた村で、荒地村及び北の鉱床は、いずれも馮雷の西部に位置する。あちら（比較的遠くの場所を指す）以前はただの荒地であり中国の内乱による抗戦時に、山東、河南…部族が陝西（中華重要文明の発祥の地）に大移動、荒地に到着した。それ故に荒地村と呼ぶ。後に荒地、新莊、北礦、新生、小北乾等に分かれたが、北礦、新生、小北乾は範疇(はんちゅう)に組み入れることができず、北礦は清朝にもう存在した。新生の回來（帰ってくる）した外地人が礦区に形成した村落に帰る。小北乾は清朝乾隆の時期に既に存在し、古代の少数民族鉗耳氏族の形成する村である。南乾と同じだ。これは白水県の志にはっきり記載している。

七、雷牙村

　　雷牙村的歷史可謂歷史悠久、在中國歷史上也有一筆。雷牙村在幾千年、甚至上萬年前就有人類居住、這多年在雷牙周圍附近考古發現也證明了這一點、要搞清雷牙村的歷史、首先要搞清什麼叫：「雷牙」。所謂雷牙說是、

在古代上古時期、大概一萬年前左右、燧人氏最早發現並認識了風的季節性週期規律、方明了風向標——相風儀、又稱「方牙」、這種儀器傳給雷澤氏族後稱「雷牙」、他們的部落就叫方雷氏（也叫方牙氏）和雷牙氏、方雷氏所居住的地方叫方雷即今馮雷、雷牙氏居住的地方就叫雷牙。

　雷牙村の歴史は悠久と言え、中国の歴史の上で 一筆（[一画] 書き記す）もある。雷牙村は幾千年も存在しており、一万年前に既に人類は居住していた。多年にわたり雷牙村近くに考古を発見し、この一点も証明できる。清雷牙村の歴史を見ると、まず清をとり、何"雷牙"と呼ぶ。是が雷牙説です。古代上古時期、大体一万年の前の頃、燧人氏（奉る火祖、華夏族）は最も早く季節性周期の風を認識し更に規律を発見した。方明は風向き標識がわかる——相風儀、または"方牙"と称す。この様な器械を雷澤氏族の後が給って（くぼって）「雷牙」と称し、彼等の部落を雷牙氏や方雷氏（方牙氏も呼ぶ）と呼ぶ。方雷氏が居住した所を方雷今馮雷呼ぶ、雷牙氏がただ今居住する地方は雷牙と呼ぶ。

　我們中華民族的祖先軒轅黃帝的祖先就是出生於方雷氏、黃帝后來娶了一位妃子就叫方雷妃、方雷妃是白水人、她發明了養蠶等技術、這在黃帝陵的宣傳資料以及（史記）、（三海經）等史書上都有據可查、另外要說一下、姬姓黃夷氏四世姬澤、在公元前 4840 年出生於宜君雷塬鎮、即位於雷牙村、在位 40 年、終年 60 有七。

　私達の中華民族の祖先、軒轅黃帝（[前2717年～前2599年]、古時代華夏民族の共主）の祖先は、方雷氏の出生に於ける、黃帝はそれから一位妃子（皇后 Huánghòu の次の位）を娶り、方雷妃と呼んだ。方雷妃は、白水の人で、彼女は養蚕等の技術を発明した。これは黃帝陵の宣伝資料に及び（史記）、（三海經）等、史書の上で全て検索することができる。一説では、姬姓は黃夷氏の4世の姬澤、紀元前 4840 年に宜君県に雷塬鎮が生まれた。雷牙村に即位し、在位 40 年、終年 67 才であった。

152

八、先進村

先進村、是元末明初從山西移民過來、其原名為「先晉」、意思他們的祖先為晉人。後演變為先進村。

先進村は、元々の移民は未明の初頭に山西（山西は中華民族発祥の地の一つ）に来る。その原名（もとのな）は「先普」。祖先は普の人達の意味である。後の意味の彼等の祖先は人が進むために、先進村は変化し変わる。

九、郭砭村

郭砭村的來歷、明代以前、唐代以後白水縣縣城位於縣之南端塬頭、郭砭村因為緊鄰城廓、取名叫廓畔村、後名稱多次更變、取音郭砭村。

郭砭村の来歴は、明代以前に、唐代以後の白水県、県城が南端の塬（周囲は流水によってできた溝で平らな広い高台になっている所）に位置した、郭砭村の直ぐ隣の城郭、廓畔村の名を取っている。後の名称は何度も変更しているが、郭砭村の音を取っている。

十、南井頭與北井頭

按照史料記載南井頭與北井頭是古代羌族罕井氏居住地、所以南井頭與北井頭、古代的罕井氏已經隨著歷史發展、在白水只有耀卓還有姓井的、原因如同我上面所說。今天保留有特色的地方是罕井鎮。另一種說法是在明朝左右、、在南井頭村北有一校場、用於練兵、校場傍有一深井、村南謂之南井頭、村北謂之北井頭。清（白水縣志）也記載「城（今古城）東北七里、掘井三眼、深千尺」。

史料によって南井頭と北井頭を記載し是古代羌の一族の滅多に居ない井氏の居住地、以って南井頭與北井頭の所、古代の滅多に居ない井氏も已に従って歴史的に発展し、白水でいまだ輝き優れた井の姓が還ってあ

る。原因はいかにも私と同じ所説です。今天保（［小雅・天保］是中国古代第一部詩歌總集）は特色がある地方、是罕井鎮（陝西省蒲城県。属关中東部渭北黄土台源地滞、地势西北高東南低）です。別の意見では、明朝の左右であり、南井頭村の北に一学校場があって、練兵を用いて、校場の傍に一の深い井戸がある。村の南の所之南井頭、村の北の所之北井頭。「城（古城今）の東北七里で、掘井三眼、深千尺」清と（白水県志）も記載する。

十一、邱木村

　邱木村的來歷主要是中國南北朝時期、魏孝文帝稱帝后、鼓勵北方少數民族南遷、其中當時的陝西是少數民族與漢族的交匯處、北魏的鮮卑族遷居的人口較多、鮮卑族中的丘林氏部落落居於今邱木村、邱木村也叫丘木村、開始叫丘林村，因丘林與秋淋同音，隨改丘木、古代邱於丘通用、特別是清朝時期為了避諱孔子、把丘寫作邱。

　邱木村の来歴は主に中国南北朝時期であり、魏孝文帝は帝后（順治的皇后？）にこう話した。

　北方少数民族の南遷を奨励し、そのうち当時の陝西は少数民族と漢族の合流で、北魏の鮮卑族が移り住んだ人口はわりに多く、鮮卑族の内の丘林氏部落は、邱木村に定住している。邱木村を丘木村と呼び、丘林村とも呼び始めた。だから丘林と秋は同じ音であり、従って隋は丘木に改めた。古代の邱は丘で通用した。特に清朝時期の孔子は避諱（忌み嫌う・祖先、君主の名を云わない）を避けるために、丘を邱にして文を作りました。

　也許有人会問為什麼邱木村沒有姓邱或丘的？這是因為古代戰亂頻繁、天災人禍、疾病肆虐、人口死亡率極高、明朝時期全縣人口才二万二千九百七十八餘人、人口密度為二十三人、縣城才四百餘戶、所以梁志（白水縣志）記載「白水十之六七、洪武年間從山西洪洞遷入」。今天白水保留古代古代民族部落的姓氏已寥寥無幾、如雷姓、賀姓等。邱木村沒有邱姓如同堯禾的滿義（蛮夷）沒有蛮姓一樣。

会問（民間の宗教団体、高明人会問）のある人が没する邱木村を訪ねた。姓は邱、或いは丘かもしれない？　古代戦乱が頻繁で、天災と人災、病気は荒れ狂って、人口の死亡率は極めて高い。明朝時期の全県の人口やっと2万2978人あまり、人口密度は23人、県城（人民政府が置かれている町）やっと400何戸、「白水十の67、洪武年間に山西洪洞県から移入しました」と梁志（白水県志）に記載している。今日白水は古代民族部落の姓氏を留保し、雷姓や賀姓のようにもうきわめて少なくなっていく。邱木村では堯禾の満義（蛮夷）で蛮姓がなくなっていくのと同じように邱姓もなくなってきている。

十二、雲門村

雲門村是因為其在雲台山的門戸之上、所以就叫過去雲門村、旧時交通不便、従大楊過雲門村到雲台、這是一條最近路線。亦或：雲台是現代的叫法、過去叫北圪塔廟、七十年代時那廟還在、就是現在雲台初中、北圪塔廟是西廟、東廟在許道。雲台山也是最近幾年的叫法、過去的人一直叫廟山。

雲門村は雲台山の門戸の上にあります。従って過去は雲門村と呼びました。古い時代の交通は不便で、大きい柳の木を過ぎて雲門村に到る雲台が、最も近い行き方です。また或いは雲台は現代の呼び方で、過去に北圪塔廟（遺跡）と呼んだ。七十年代の時その霊屋まだあり、今雲台中学校である。北圪塔廟は是、西廟ですが、東廟に行ける。雲台山もここ数年の呼び名で、過去の人はずっと霊山と呼んでいる。

十二、門公村

門公村有一種說法是古代駐紮一支軍隊、首領叫門公大人、所以叫門公村。但我認為是駐紮著一支蒙古部隊、是蒙古轉音、這點在白水縣縣志可以找到記載、北魏孝昌初、西戎將息阿非兵圍白水、大同十年冬至次年冬、

西戎部將茹茹屯兵白水、訓練兵馬、其放馬的地方叫放馬村。當時的西戎就是由部分蒙古族人構成的。

門公村は一支軍隊が古代駐屯地にあった。首領は門公の大人（地位の高い人の敬称）と呼ばれ、だから門公村と呼ぶ。しかし私が認めるのは、是駐紮著（決められた駐屯地、大使館）の一支蒙古部隊、蒙古の轉音（口音轉鼻音）である。これくらいは白水県の県誌で記載を見つけることができる。北魏の孝昌（中国湖北省考感市）初め、西戎（秦亭村、始皇帝の出身地）の阿非兵は白水で休憩する。大同の10年の冬至は不良の年で、西戎部族将の柔然（蠕蠕）屯兵が白水に来て、兵馬を訓練し、その放牧の地を放馬村と呼んだ。當時の西戎は、幾らかは蒙古族人で構成されている。

十二、西武和東武

要想搞清西武和東武的來歷、首先要搞清村落的含義、我國古代少數民族社會分為部、邑、落。邑落為下面最基層組織、每部統轄數百或上千個落、落通常為戶子意、若干落為邑落、簡稱邑、即村落。每一邑有部落名稱。西武和東武是武羅氏和武成氏居住的地方、後來因一村居西、一村居東、所以叫西武和東武。

西部と東部の来歴をはっきりさせるにはよく考える必要がある。まず村落の含む意味をはっきりする。我国の古代少数民族の社会部、邑、落から成る。邑落が最も基本の組織で、每部ごとに数百或いは千個の落から成る。落は普通、世帯のことであるが、若干の落は邑落、つまり村落を示す。一つの邑ごとに部落の名称があります。西武と東武は武羅氏と武成氏が居住する地方で、一つの村が西にあって、一つの村は東にある。そこで西武和東武と呼んだ。

十三、支肥村

支肥村的來歷與古代鮮卑族有關、支肥是古代鮮卑族「乞佛氏」的轉音、

「乞佛」為歷史上鮮卑族姓氏。北魏有并州刺史乞佛成龍（魏書．文成帝紀）。「西秦乞伏國仁、本隴西鮮卑乞佛部酋帥，因以為姓。」（通志 氏族略）乞伏亦作乞佛、乞扶（中國姓氏集）。鮮卑族、在兩晉南北朝時慕容、乞伏、禿髮、拓跋等部先後在今華北、西北地區建立政權、漸與漢族及其他民族相融合。新編（洛川県志）載：「北魏以至北周、洛川亦為鮮卑族統治、其部族聚居村落為數甚多、今朱牛鄉有乞佛村、是乞弗（亦作乞伏）之訛。」

　白水支肥村也與此有關。宋元戰亂饑饉以後、原住民消失、明朝洪武時期、張姓村民從山西祁縣移民而來、逐漸壯大。

（清代白水地圖）

　支肥村の来歷を興せば古代鮮卑族に関連する。支肥は古代鮮卑族「乞佛氏」の口音轉鼻音（一種の訛り）、「乞佛」は歷史上の鮮卑族の姓氏です。北魏の并州〔在今山西太原市西南〕建安18年〔213年〕編入冀州）刺史（州の長官）が佛成龍（文成皇帝、鮮卑族）に求めた。（魏書．文成帝紀）。「西秦は本隴（甘肅省の別称）の西鮮卑、佛部酋帥伏国仁（？～388年、西秦建国者、鮮卑族）を求め、因以て姓と為す"。（通志 氏族略）降伏し、仏をつくり、サポートを求める。（中國姓氏集）。鮮卑族、二の南北朝が存在した時に慕容（少数民族の姓 慕容是鮮卑族主要部落の一）があったが、降伏を望み、禿髮（禿髮烏孤（？～399年、河西鮮卑人）、今の華北にある拓跋（元は姫姓、鮮卑人）等の部は相前後し、西北地方は政権を打ち建てて、次第に漢族及びそのほかの民族とお互いに融け合う。新編（洛川県誌）に載せる：「北魏までは北周り、洛川も又鮮卑族が統治する。その部族村落集合の占める数は甚大、今朱牛郷が有り、乞は佛村、是は弗（亦作乞伏）の之訛なり」

　白水の支肥村これと関係する。宋元の戦乱の飢饉以後、原住民は消えて、明朝の洪武帝の時期、村民の張姓は山西祁県（山西省中部）から移民として来る、遂に壮大に集まる。

（清朝代白水の地図です）

十四、通積村

　　通積村的來歷、東漢末年、由於戰亂、「三輔戶數尚數十萬」、變成「關中無人跡、涇洛皆為戎居、猶以羌氏、及匈奴、盧水胡」。立於蒲城的（魏太尉鄧艾碑）、（後周聖女寺四面像碑）、（罕井神鐫碑）以及白水北宋（妙覺寺碑）都記載古代北方少數民族活動痕跡、其中記載著一個羌族部落叫同碲氏、同碲氏的叫法和寫法有多種、有叫同氏、位詞、「銅堤」乃「同蹄」之訛、是歷史上羌族的姓氏。

　　通積村の来歴は、東漢の末年、戦乱に於ける。「三都の近くで戶数は数十万」、変成「關中の無人跡、大きな水路すべてに兵器を設置している、以って羌氏、及び匈奴、盧水胡（是漢代に至る南北朝時中国西北の少数民族）と同じ」。定める於蒲城県（魏太尉鄧艾碑）、老人（後周聖女寺四面像碑）、（罕井神鐫碑）以って白水北宋（妙覺寺碑）に及び、都に古代北方民族の活動の痕跡がその中に記載されている。ある羌族部落は碲氏と呼ばれ、同じ碲氏と呼ぶ法和寫法（写経）は多種ある。「銅堤」や「同蹄」の訛も同じことであり、是歷史上の羌族の姓氏である。

　　（廣韻 - 東韻）:「同、齊也、共也、又羌複姓有同蹄氏。」（洛川県志）:「前秦（三百五十～三百九十五年）洛川為羌族聚居地之一。今舊縣鎮銅堤村、永鄉當川村、京兆鄉彌家河村等即為當時的羌族村落．銅堤乃同蹄之訛。現存於菩堤鄉王家河寺樑的元代（重修靈泉院碑）仍作同蹄村。」白水通積村也是同碲的諧音、通積村過去也寫作通濟、通齊（古語齊與濟通用）、通底等等、同蹄氏後人多以「同」姓居多。

　　（廣韻 - 東韻）北宋時代:「同じく、齊也、全部、又羌の複という姓は蹄氏と同じである。」（洛川県誌）:「前秦（350～395年）、洛川は羌族の集落の一つ。今旧県の鎮銅堤村、永鄉當川村、京兆鄉（洛川県管轄）彌家の河村等も即當時の羌族の村落です。銅堤は同蹄の訛です。現在に於け

る菩堤郷王家河寺樑の元代（重修靈泉院碑）は依然として同蹄村とする。」白水通積村は同碲の諧音（漢字の発音が同じ、近い）です。通積村は過去、濟として通っており、よって齊として通る（古語の齊は濟と同じ）。同蹄氏は多く、「同」の姓は多数を占める。

十五、林皐

　關於林皐的來歷、說法很多。有人說、林皐河為白水河上游的一個支流、這個「皐」字、可做白水本土之解。還有人說、林皐為水邊林木茂盛的高地。據我手頭一本編輯於千九百八十二年的（白水地名概況資料彙編）載：這裡早在元代至元年間，因王姓人家居住而得名王家。明嘉靖十九年（公元千五百四十年）、以工部主事劉璣的名號「林皐」、將王家更名為林皐。劉璣何許人也？（白水縣志）（人物誌）載：「劉璣、字士衡、林皐村人，嘉靖四年（千五百二十五年）中舉、任井陘知縣。以德性教育鄉民、置一盆水於庭下說：'。我心澄清當如此。' 十一年（千五百三十二年）歲饑、賑活鄉民萬餘人。十二年（千五百三十三年）大疫、又散藥治療、還收養遺棄兒童、掩埋野外屍骨。……後因執辯疑案、頂碰上級、降職武昌教授。卒時任南京工部主事」。

　林皐の來歷に関心がある。説は沢山あるが、ある人の説です。ある人は林皐河は上流の白水河の一つの支流で、この「皐」の文字は、解くと白水本土と書くことが可能であると言った。またある人の説では、林皐が水辺森の茂っている高地だと言う。私の手元の一冊（1982年に編集による［白水地名概況資料彙編］）に、こちらには早くも元代～元年までの間、王姓を受け継ぐ家族が居住し、王家の名を得るとある。明嘉靖19年（紀元1540年）、作業部主事の劉璣が名を「林皐」と呼び、まもなく王家を林皐と名を変更します。劉璣はどこの人だろうか？（白水縣志［人物志］）次のとおりある。：「劉璣、字士衡（陆机（261～303年））、林皐村の人、嘉靖4年（1525年）中舉（科拳時代の称の中級）、井陘知縣に任ずる。以って郷民に德性教育で、庭の下に一つの鉢水を置いたと説く：私心清まり

このようになる。11年（1532年）幾歳、萬餘人の郷民は賑わい活発だ。12年（1533年）は大流行病で、散薬の治療、遺棄児童を還し収容し養う、野外の死骸を埋める。……後に疑獄を論じ案をだす、上級の意見、武昌教授が職を降りる。卒業の時に南京工部主事に任される」。

　緣何要將王家更名為林臯、我一直不得其解。前不久、偶遇當地一位年近九旬的劉老先生。劉老對我說、這裡最早名叫王家、劉姓較少、後來劉姓逐漸人丁興旺、出舉人、中進士成為旺族後、劉姓人就提出改王家村為劉家莊的要求、王姓人出於尊嚴、堅決反對、兩個村名就這樣使用了多年、經常混淆。再後來、為了徹底解決村名混亂的問題、縣里一位很有威望的紳士、提議以劉璣的名號「林臯」為名。由於劉璣樂善好施、德高望重、這一提議終於得到了劉王兩姓的一致認同、沿用至今。我比較同意上面的說法、因為古人特別是過去白水人、有文化的太少、能夠起名林臯的人、非一般之人、我估計他起名林臯、可能語出《詩經》中有一句「步余馬兮山臯、邸與車兮方林」。

　なぜゆえに王家の名を林臯にするのか、私は直ちにそうしてはならない。ついにこの前に、当地を一位（けた）年に近い九句に出くわした劉老先生。劉老は我に説いた。ここで最も早い名は王家と呼んだ。劉の姓は較べれば少ない。それから劉姓の人口はだんだん旺盛になっている。出る人、旺族は後に中進士成（科挙の位）為す、劉姓人は改め王家村に就提出為、劉家村の要求をする。尊嚴の王姓の人が出て、決然と反対する。兩個村の名は長年を使用してきた。混乱し、再びそれから、徹底的に村名の混乱する問題を解決する為に、県里のとても威光がある一人の紳士が、提議において劉璣の名である「林臯」と叫ぶ。劉璣は樂善好（博愛）を施し、德高く重きを望んだ。これ一提議に終わるがやっと劉王兩姓を得て、姓の一致を同じと認めてもらい、今まで沿う。私も同意する説であり、これらの古人は特別な過去の白水人である。文化もあるがとても少ない、林臯の人の名が立つことができる。非の一般の人、我々が

見る他の起名は林皋です。可能語は《詩経》の中一句がある「歩余馬兮山皋、邸と車は兮方林（地名）」。

十六、桃窪村

　吾村名之曰桃窪、窪者、凹也。村西北、有一塚、高大佔地幾十畝。聽村里老人說、此塚乃劉耀母親之墳、然我不知劉耀何人也、吾村之凹、乃起墳而形成也。後因挖墳而形成凹地、裡面遍種桃樹、又因下雨凹地常有水窪、故名桃窪村。清乾隆十九年（白水縣志）上載：「晉、劉耀、字 永明、父（永垣陵）、母胡氏（陽陵）、妻羊氏、……」（顯平陵）。《晉書》云：「在粟邑、今失其處。」書中所說劉耀乃前朝皇帝劉淵的族子、一位馳騁疆場的大將。傳說此人身高九尺三寸、兩目炯炯而有赤光。西晉末年、晉朝內部爭權奪利、產生了「八王」之亂、異族趁機入侵、人言「五胡亂華」即指此一時期。公元三百十一年劉淵大將劉耀攻下洛陽、殺了晉懷帝、把皇后羊氏納為自己的夫人。

十六、桃窪村

　わが村のいわれは桃の窪み、窪地の者、へこみということである。村の西北で、一つ塚があり、高大で、幾十畝の土地を占める。村里の老人に聞いた話では、この塚は同じ劉耀母親の墳（墓、古墳）で、然るに我は劉耀の何人か知らないと言う。吾村もへこみ、墳を再び造り起す。後に墳を造るから土地がへこむ、内側に変種の桃の樹を、また雨が降ると常に凹み、水の窪みがある。そのため名は桃窪村。清乾隆19年（白水県志）上にこうある。：「晉、劉耀、字 永明、父（永垣陵）、母胡氏（陽陵）、妻羊氏、……」。（顯平陵）。《晉書》云：粟県あり、今、其處を失う。書の中で劉耀は再び前朝皇帝劉淵の一族の子、一位は馳騁疆場（戦場で駆け抜ける、疾走、勇敢に戦う）な大将。伝説ではこの人身高9尺3寸、両の目はらんらんとし赤い光を放つ。末年西に進み、晋朝内部の権利や利益を奪い合う。「八王」の乱が発生し、異族付け込み侵入する。人言「五胡亂華」（指す匈奴、鮮卑、羯、羌、氐、五国は胡人大部落）とは一時期このことを指す。

紀元311年の劉淵大将(元朝将領)の劉耀は洛陽を攻落して晋怀帝を殺し、皇后羊氏を自分の夫人とした。

　晉太子司馬邺（愍帝）在長安継位、江山卻處於風雨飄搖之申。劉耀勇猛但為人殘暴、後又進攻長安、直逼愍帝投降。西晉王朝滅亡。（白水縣志）上說、劉耀父母妻子的墓在白水、「今失其處」、這是過去的記載。事實上、前些年有關部門已在白水縣林皋鄉趙窯村和桃窯村之間發現了一座古墓、據其規模定為省級文物保護單位。這就是劉耀父的永垣陵。據史料記載、「劉耀稱帝后」、下令為其父母在粟邑選擇風水寶地、以享天年。觀今日劉耀父的永垣陵、北依雁門山、南登白水河、地勢平坦、是上佳風水吉穴。

　晉の太子司馬邺（愍帝）は長安の位を継ぐ。江山の間に於いて風雨飄々と揺れるのを述べる。劉耀は勇猛だが人には残虐だ。後(のち)また長安を進撃し、直接愍帝に無理やり投降させる。西の晋王朝は滅亡した。（白水県志）上の説では、劉耀の父母妻子の墓は白水県に在る、「今はその処は失っています」と記載されている。実は、何年か前に白水県林皋鄉趙窯村の間で古墓の一座（主人の席）を発見した。省級の文化遺産の保護機関と定められた。これは劉耀（刘耀）の父の永垣（永久不変）陵です。北に依る雁門山、南を登と白水河、地勢は平らで、上に美しい風水は相吉穴です。

十七、吳家窯村
　吳家窯村的來歷、我在九十七、九十八年左右、我在吳家窯同當地的老人探討時、包括吳貴海的父親、他們告訴我、聽祖輩人說吳家窯人是胡人、是隨劉曜從北地過來的、我後來查閱歷史資料感覺可信、劉曜做了前趙的皇帝后、大批的匈奴人也落戶白水、同時把他的父親葬在白水叫垣陵、匈奴有很多的奴隸、這個奴隸是一個古代北方少數民族叫羯族、羯族的一個部落叫吳氏、他們居住的村子叫吳家窯、這裡的窯是指古代少數民族的居住方式、是半穴居的地方、並不是窯洞。

吳家窯村の来歴は、私が97、98年頃、私が吳家窯と同じ現地の年寄り検討した時に、吳貴海の父を含め、古祖に吳家窯人つまり胡人がある、という説を聞いた。是隨劉曜（後越の河内Hà Nộiを攻める）が北土から来た、というのを私は歴史資料から信じた。劉曜は前趙（前越304～329年、別称漢越）の皇帝后になる。多くの匈奴人も白水縣に落戸（戸籍を移して定住する）する。同時に彼の父を白水に葬り垣陵と呼ぶ。匈奴はとても多くの奴隷がいる。この奴隷は一つの古代北方の少数民族羯族と呼ぶ。羯族の一つの部落を吳氏と呼ぶ。彼等が居住する村落は吳家窰と呼び、ここの窰は是を指し古代少數民族の居住方式で、半穴式の住いです。決して窰穴でないと指す。

十八、恆寨村

　關於恆寨的来歷、必須談一下明清以前白水縣往延安府去有兩條交通要道、一條從白水縣城経禾出暗門山、一條從雷牙溝王莽寨出北原、而西線尤為重要、堯禾鎮就是這條線的明珠、堯禾鎮古時叫新窯鎮、歴史上特別繁華、明清時期外縣之人甚至只知新窯鎮、不知白水縣、新窯鎮駐有不少兵馬、今天在堯禾糧站還能看到遺存、作為軍事上的需要、在堯禾鎮東西兩邊建立營寨、東邊的因漢人居住較久叫漢寨、西北取恆久之意叫恆寨、後因村子變大、分而居住、東曰東恆寨、西曰西恆寨、恆寨也有叫徐家河是因魏晉時期居住過古代北方民族羌族徐氏部落而得名。恆寨及堯禾附近皇甫姓氏是元末明初從山西移民而來、從山西省洪洞縣大槐樹遷民之皇甫複姓後裔分佈於蘇、京、陝、津、魯、豫等地，這點從山西洪洞县志可以得到佐證。皇甫（Hung fǔ）姓源出有二：

　恒寨の来歴に関して、必ず明清以前の白水県を話さねばならない。延安府（宋朝）に向かって行く二本要（かなめ）の道がある。一条は白水県城から禾出暗門山に、一条は雷牙溝から王莽寨（阳山の南方）の北原に出る。而（しかるに）西線は特に重要だ。堯禾鎮（白水県の轄鎮）に就くこの條線は明珠だ、堯禾鎮は古い時には新窯鎮と呼ぶ。歴史上は特別にぎやかだ。明清時期は

163

外県の人は甚だ只(只)(祇)知った新窯鎮に至る。白水県は知らない。新窯鎮は少なくない兵馬を駐留でき、今日にある堯禾糧を立ち止まり還り、遺物を看視する才能がある。軍事上は需要として、在堯禾鎮の東西両邊に營寨（古代時代駐兵の地方、軍營）を建立する。東邊は既により久しい漢人が居住し、漢寨と呼ぶ。西北に久しく恒久（永久に変わらない）之を叫恆寨と呼ぶ。後は村落が大きくなり、分けて居住する。東曰東恆寨、西曰西恆寨、呼ぶのは恆寨也。恒寨である徐家河（廣水市西南部）で魏晉時期に過去古代の北方民族の羌族徐氏の部落が踏襲し居住する而に名を得る。

恆寨及堯禾附近の皇甫姓氏是元のまだ明になる前、從山西からの移民で、從山西省洪洞県大槐樹に村民は移り、之皇甫複姓の後裔（時代、子孫、国の果て）に蘇、京、陝、津、魯、豫等の地に分けると宣布する。この点は從山西洪洞県志に佐證（とする、証拠）を貰える。

一、出自西周、以官名為氏。西周太師（高級武官）皇甫的後代以「皇甫」為姓、稱皇甫氏。

二、出自子姓、是春秋時宋國公族的後代、為皇父氏所改。西周後期宋戴公有個兒子叫公子充石、字皇父、宋武公時任司徒。當時有長狄鄋瞞部落進攻宋國、皇父領軍反擊、打退了長狄任、但皇父和兩個兒子也不幸戰死沙場。後來皇父的孫子南雍陲以祖父的字為姓氏、稱為皇父氏。其六世孫皇父孟子、生子皇父遇。秦國滅宋時、皇父遇逃至魯國。西漢中期、皇父遇嫡系子孫皇父鸞、自魯遷居陝西茂盛陵、把姓氏中的「父」字改為「甫」字（古代二字同音通用）、遂成皇甫氏。

（民國時期白水地圖）

一、西周の出自で、官名で氏という。西周太師(高級武官)皇甫の後に「皇甫」と姓を釣り合う皇甫氏と変える。

二、子姓の出自で、春秋の時宋国公族の後継ぎ、皇父氏のところを改める。西周の後期に宋戴公（?～紀元前766年、子姓、宋氏、名白、宋哀公

の子）の息子は公子充石と呼ぶ。字皇父（姓考）載：「春秋時鄭公族有皇氏」、宋武公の時に司徒（是以官職を命名する、夏姓［帝王紀］記載）に任ずる。当時あった長狄鄋瞞部落に宋国は進攻する。皇父領軍反撃し、長狄（［左伝］文公11年、紀元前66年、別名鄋瞞、据孔子説は虞夏時防風氏、商代汪芒氏の後裔。）を撃退したが、但し皇父と兩の息子は也不幸に戦場で戦死します。その後皇父の孫子（孫）南雍陲（皇甫［Huángfǔ］、夏姓、出自西周）以って祖父の文字の姓氏とし、父氏を皇と言います。その6世の孫の皇父は孟子です。父皇は実の息子と会います。秦国滅宋時、皇父は遇（偶然）会って魯国に逃げる。

　西漢中期は、皇父が嫡系子孫皇父鸞に会う。自ら魯に戻り住まう陝西の陵は（植物が）良く茂る。姓氏を普通に一手に握る"父"字改め「甫」字（古代二字同音通用）にする。遂に皇甫氏に成す。

（中華民国時期白水地図［本になったもの］）

十九、西寨的來歷

　　西寨過去的志書叫寨兒、要說清西寨必須說清什麼叫寨堡及歷史上白水縣的交通路線、特別是白水到堯禾古舊道路、寨堡是歷史上北宋時期範仲淹為了防禦西夏而建立起來的一種軍事建制、到明清時期達到完備、由朝廷供養、駐紮兵丁的地方叫寨、由鄉勇（村落組織起來民兵）的地方為堡、西寨位於縣城的西北方向、（舊時白水往北的交通要道處、白水舊時往北的故道依次為西寨村東——職中西——東西石獅之間——昌盛公司西門——上同積村東——東西和家卓之間——田家窪村西——安樂村西——堯禾中學西）軍事位置十分重要、負責拱衛縣城。李自成起義部隊多次從此攻破縣城、村子居民多以古代軍隊家屬繁衍而來、後因村子位於城西而叫西寨。後人依次衍生出來東寨、南寨、北寨。

　　西寨の過去の志書（地方史）は寨兒寨と呼ぶ。説明を求めると清西寨は清什麼を寨堡と呼び、必ず説明しなければならない。及び史上白水県の交通線路と言い、特別に是白水に到る堯禾の古い旧道路です。寨堡は

歴史上北宋の時期に範仲淹（北宋名臣［989～1052年］）が西夏の防御のため一種の軍事建制（機関や軍隊の編成）を建て、明清の時期に到達完備した。朝廷によって供養され、兵を纏めた駐屯地を寨と呼ぶ。由郷勇（村落組織の民兵）は地方の砦と為す。県城の西北方向が西寨の位置である。(古い時白水の北の交通要路に行く、白水の古い時は北の以前の道に依存する次に西寨村東──職中西──東西石獅之間──昌盛公司西門──上同積村東──東西和家卓之間──田家窪村西──安樂村西──堯禾中學西)軍事の位置が非常に重要で、拱衛県城（拱衛県境古長城）の責任を負う。李が自らの部隊を蜂起しこの県城をたびたび攻め破る。村落村の居民は多く古代の軍隊の家族で増加して来る。その後の村落の位置は城西に於いて西寨と呼ぶ。後人は順次東寨、南寨、北寨を発展して行く。

二十、安樂村

安樂村、與我們傳統意義認為的意思不一樣、我們傳統意義認為安樂即平安快樂、但是安樂村的「安樂」二字是古代北方少數民族匈奴以及鮮卑、西戎語言的音譯、它的本意是軍隊的意思、後來人們也習慣說平安快樂意思。此事與漢魏南北朝西戎茹茹駐兵白水有關。氏安樂村歷史悠久在明清的志書都有記載、村中大部分人姓石、此姓南北朝時鮮卑族複姓所改。據（魏書官氏志）載、北魏有代北三字姓烏石蘭氏、進入中原後改為單姓石。

安樂村（漢蒙語 Ahn lè cūn）、私達の伝統的な意義は認めるが、意思は異なった。伝統的には安楽とは平安快楽だ。但し是安樂村の「安樂」の二字は古代の北方少數民族の匈奴及び鮮卑、西戎（外夷）の言語の音訳だ。それの本意は軍隊の意味で、後から来る人々も慣れ、平安で快楽の意味を言う。このことは漢魏南北朝、西戎に耐え忍ぶ駐兵を白水に派閥を興します。氏安樂村歷史は、悠久で明るく清く志書都（郡の地方史）に記載している。村落の大部分の人の姓は石、この姓は南北朝時代に鮮卑族の複姓を改めるところです。據（魏書官氏志）載、北魏の時に北には三字姓の烏石蘭氏があった。中原に進入後に単姓の石に改める。

二十一、漢寨
　漢寨是西漢初年、劉邦把南方特別是楚國的人口遷移到關中渭北等地、其中包括景姓、白水噹地多為羌族氏族、當地人把漢人居住的村子叫漢寨。有人說是明朝洪武時期。

　漢寨は西漢の初年、劉邦は南方を特別に掌握し、楚国の人口を還した。関中渭（渭河中下流の平原に在る、関中水泵）北等の地に還し、その中に包括し景姓がある。白水の地元の人が漢人の居住した村落を漢寨と呼ぶ。ある人は明朝の洪武時期だと言います。

二十二、子阿
　子阿村也寫作眘村、子阿是古代北方民族胡人對奴隸或下人的稱呼、意思是奴隸居住的地方。

　子阿村は眘村を書いたもので、北方民族に対し奴隷或いは下人の呼称です。意味は奴隷が居住したところです。

二十三、收水
　收水、古時叫秦山鎮、元末明初、是白水通往延安府的咽喉、在其西邊馬蓮灘還設有秦山巡檢司、後來移至今收水鎮、因秦山之陽有五眼泉水、其所在地在首水、後來叫轉叫收水、

　收水、古い時は秦山鎮（浙江省嘉興市）と呼んだ。元末明の初頭、白水通りを往くと延安府の咽喉、その西に馬蓮灘村（河北省張家口市）そのままで還して秦山の見回る検司がいて、それから移り今は收水鎮という。それから秦山の表面に大切な泉水がある。その所在地は首水で、その後呼び転じ、收水と呼ぶ。

賀蘇村的來歷、應該是南北朝五胡亂華時期、胡人中有一支叫稽胡的古代北方少數民族在白水活動並定居下來、其中一個部落叫賀術氏、他們居住的地方叫賀術、後來經過歷代演變、叫賀蘇。

賀蘇村の来歴は、当然ながら南北朝五胡乱の華の時代、胡人の中でも一支北方少数民族の胡が白水で活動並びに下来定住したことと考えられている。その中の一つの部落は賀術氏と呼び、彼等が居住したところを賀術と呼ぶ。その後歴代を経過し移り変わって、賀蘇と呼ぶ。

二十五、石索村

石索村來歷、這裡的「索」是古代羌語、並非一般人理解的鎖、它的意思是頭髮、它一般和虜合用、意思是頭領的意思、晉代後趙樂安王石韜、章武王石斌在這一帶討伐馬蘭羌、他們居住的地方叫石索、意思頭領居住的地方。

石索村の来歴は、こちらの「索」は古代羌の語であり、並びに一般人以外の理解する鍵です。頭髪を意味し、それは大抵、虜（古代北方異民族に対する蔑称）に使用している。意味は頭領で、晋の世代後の趙樂王石韜（穎川人、仕魏、官拝典農校尉、郡守）、章武王石斌はこの一帯を討伐馬蘭羌（北地等部、各族流民反抗西晋王朝の反乱戦争）を討伐し、彼們が居住するところを石索、頭領が居住するところと呼んだ。

「北胡南越是同」の言葉ですが、ここまで来ると間違っていません。順次関連性を説明します。

最初は（一）西固鎮扶蒙村です。

①蒙と漢は合同する、②烏丸山の六つの氏に井姓が出てきます。六姓は南から真中に「兗」東に「徐」、西に「司」、徐の北に「青」、司の上に「井」、「兗」の上に「冀」、その上が「幽」です。この中の井姓が見られます。

（二）文化村

蛮夷の民を帰属させ教育すると、ここでも存在を表しています。

（三）馮雷鎮大雷村和小雷村

馮姓は非常に多く、その中にも馮跋（［？〜430年］、字文起、小字乞直伐、長樂信都［今河北冀州］の人、十六國時期に北燕君主）。冀州は胡の時代の烏丸山の一つの州です。北燕は胡の南の国です。

（四）馮雷村

馮雷村には馮姓と雷姓の村人が住む。黄帝が曾經を妃に、雷氏女子と為す。方雷妃は梳子（櫛）を発明、養鸞技術（養蚕技術）を発明。

方雷（方氏の始祖。姓は姜、方、雷、酈三姓同源）氏、茶碗を発明、黄帝の出現する意味は、倭人の遠祖は中国神話の世界から続いている。櫛は小倉生まれの無法松とリンクします。養蚕も倭に早い時代に入ってきました。姜、方氏は北を証明しています。茶碗も渡来しています。

（五）南乾村

南鉗耳は古代の北方羌一族と和氏族の一つの少数民族部落です。

（六）荒地村

荒地村及び北の鉱床、既に銅鉄を知っていたかもしれません。北礦の言葉も見えます。北礦は清朝にもう存在した。新生の回來（帰ってくる）外地人が礦区に形成した村落に帰る。古代の少数民族鉗耳氏族の形成する村です。

（七）雷牙村

軒轅黄帝（［前2717〜前2599年］、古時代華夏民族の共主）の祖先は、方雷氏の出生に於ける。黄帝はそれから一位妃子を娶り方雷妃と呼んだ。方雷妃は白水の人で、彼女は養蚕等の技術を発明した。姬姓は黄夷氏の4世の姬澤。

（八）先進村

祖先は普の人達、晋は魏の後、北の民族から。

（九）郭砭村

村の来歴のみ。

(十) 南井頭與北井頭

　古代羌の一族の滅多にいない井氏の居住地、井氏が烏丸山からいつ頃に移り住んだか重要な事件です。

(十一) 邱木村

（推奨、鼓舞、奨励）の北方少数民族の南遷、北魏の鮮卑族が移り住んだ人口はわりに多く来て定住しています。

(十二) 門公村

　一支蒙古部隊が駐屯していた、蒙古の轉音は漢族と発声が違うと言っています。北魏、西戎（秦亭村、始皇帝の出身地）の阿非兵も白水で休憩する。西戎部族将、柔然（蠕蠕）屯兵が白水に、放牧の地を放馬村と呼ぶ。当時の西戎の幾らかは蒙古族人です。

　蒙古属も混じっています。柔然（蠕蠕）屯兵が白水に、柔然は半地下式の家屋に居住し、風土記では「土蜘蛛」と称されています。

(十三) 支肥村

　支肥は古代鮮卑族「乞佛氏」の口音轉鼻音（一種の訛り）、"乞佛"は歴史上の鮮卑族の姓氏です。次第に漢族及びそのほかの民族とお互いに融け合う。北魏までは北周、洛川も又鮮卑族が統治、白水県だけでなく洛川県にも鮮卑族（胡）がいると言うことです。

　この文面に古代鮮卑族の言葉は胡以前から続いている話とすれば、かなり以前から倭国に渡来しています。

(十四) 通積村

　筋がはっきりした（古語の齊は濟と同じ）を知らせる、同蹄氏後の人は「同」の姓が多数を占める。

　古語の齊は濟と同じという話は、齊も胡と同じだと言っています。

(十五) 林皋

　林皋が水辺森の茂っている高地だと言います。白水県が高地で気候は温暖ですが、作物、特に稲の耕作面積に関して条件は決して良くなかったでしょう。

(十六) 桃窪村

異族に付け込み侵入する、人言「五胡亂華」（指す匈奴、鮮卑、羯、羌、氐、五国は胡人大部落）は一時期はこのことを指す。北からの侵入があったと言うことです。

（十七）呉家窰村

古祖に呉家窰人是胡人という説を聞いた。是隨劉曜（後越の河内 Hà Nội を攻める）北土から来た。多くの匈奴人も白水県に落戸する。同時に彼の父を白水に葬り垣陵と呼ぶ。匈奴はとても多くの奴隷がいる。この奴隷は一つの古代北方の少数民族羯族と呼び、羯族の一つの部落を呉氏と呼ぶ。彼等が居住する村落は呉家窰と呼ぶ。ここの窰は是を指し古代少數民族の居住方式です。是は土地に半穴式の住い、決して窯穴でないと指す。

この項では匈奴が南下しているのと少数民族羯族が風土記に出てくる土蜘蛛です。垣陵が南下しこの地で垣氏が祀られたと記しています。

（十九）西寨的來歷

（二十）安樂村

安樂村の「安樂」の二字は古代の北方少數民族の匈奴及び鮮卑、西戎（外夷）の言語の音訳、それの本意は軍隊の意味です。後から来る人々も慣れ平安で快楽の意味を言う。軍隊がいなければ絶えず危険にさらされている時代の厳しさを感じます。

鮮卑、秦も中原で建国するまで西戎の一族です。

（二十一）漢寨

当地は羌族氏族が多く為す。

（二十二）子阿

北方民族の奴隷が居住したところです。全ての人が戦火を逃れて落ちてきました。

（二十三）収水

秦の始皇帝が行幸の時に秦山と名付けた。

（二十四）賀蘇村

南北朝五胡乱の華の時代、胡人の中でも一支北方少數民族。

（二十五）石索村

大抵虜（古代北方異民族に対する蔑称）。

　白水県の文章には、古代から胡（鮮卑、烏垣）の影響が満ち溢れています。朝鮮半島の北に位置する胡（鮮卑、烏垣）が中国大陸の上海の西、奥地の白水郡に移動している改めてスケールの大きさを感じます。代が変われば人口が増え東に向かい、上海でも人が溢れて海上に進出します。南に下がって真臘（カンボジア）の水上生活者、北に上がって倭国に来たのが白水郎ですが、白水人と言われた胡の人は倭国にどの道を辿ったのでしょうか。

　水上生活者の白水郎だけが倭に渡ってきたわけではありませんが、詳しい決め手の資料が見つかりません。同じ北の位置の越国が南下しますが資料は同じく十分ではありません。まして漢族の人が、倭に移動をする人々を説明することは有りえません。推測になりますが上海も人が溢れ海岸伝いに北に向かいます。北上途中の地に順次上陸します。北の陸地から朝鮮半島の西側を南下し、朝鮮半島も上陸できるところは岸に上がります。そのまま下がると済州島に接します。福江島から佐賀湾に入り筑後川に入ります。下がって熊本に、対馬に向かった船団は福岡から佐賀に、関門海峡を南下もします。そのまま日本海の岸沿いを最終地の北陸に向かいますが、数年に亘る民族大移動です。

　這種頭尾尖高的鵃舟、又稱了鳥船或烏船。魏晉時代在福州設典舟都尉（典船校尉）、其目的之一當然是要管轄福州的船戸或舟戸。同時、在福州的溫麻設有「溫麻船屯」。

　この種は始めと終わりで高さが尖っている白水郎の船（鵃舟［Zhōu liāo］は白水郎の船、康熙字典）、又、鳥船、或いは烏船と称した。
　魏晉時代には福州設典舟都尉（典船校尉：都尉は武官名）がおり、趙国将軍下に国尉、都尉、秦漢の初めに毎郡に郡尉を駐在します。秩比（俸禄）

2000石、軍事のサポートをする太守主管です。景帝によって都尉と改名、その目的は当然一つには福州の船戸、或いは舡戸の管理です。

同時に、在福（Fú）州の溫麻（歴史上の地名）に「溫麻船屯」を設けています。

九州島の福岡は福州（Fúzhōu）ですが、福建省と僅かな発音の違いで多分同じだと思います。

この話でも烏族の話が出てきますが、資料はバラバラです。古代の正確な資料を得るのは無理な話ですが、少しずつ集めて話を構築するのは止むを得ません。

その資料のなかから私は日本人の望郷の心を求めてみました。

北の胡（烏、鮮卑）も南の越（白水人）も見渡す限りの棚田に注ぐ清流の水にはカゲロウや蛍の幼虫もいたでしょう。日本人は「清流の蛍」には特別な響きが伝わります。

《晉書・車伝》家貧不常得油、夏日則練囊盛數十螢火以照書。

この文章は「蛍の光窓の雪」の話です。

また《集韻》《正韻》於平切、音榮。義同。或作。別稱、有火蟲（蛍虫）。

これ以外に陽炎の水生幼虫を含めて白水虫と言います。少ない資料からですが、日常的な光景ですから態々文章に残すことはなかったと思います。

現代社会は暮らしやすいが、すっかり幸せな暮らしを忘れてしまったかもしれません。

第十四章

熊襲（楚）

　卑弥呼と戦う熊襲はどこから来たのでしょうか？　この説明がなければ話はまとまりません。
「北の胡と南の越は同じ国だ」北は渤海湾の東に面して斉国、渤海湾を囲むように燕、そのまま南に朝鮮半島の西に沿って３分の２までが燕、燕の下に蓋があり、海を渡って倭です。華夏族の国です。
　南は白水人（白水郎）の故郷、白水県の位地は陝西省の東北部、長江の川上です。
　川上から東に向かって楚国が長江を跨いであります。河口の北は越（上海）があり、南は閩越があります。閩越は福州（福建省）です。水上生活者、白水郎の出身地です。楚国が北の民族が暮らしていれば全部繋がります。
　楚国は別称、楚で、時代は紀元前1042年～223年に在りました。その年代、日本の弥生期に影響を及ぼしています。熊繹が建国し民族は華夏族と越族だと言われ、熊姓は西周周成王の時に楚の貴族の姓氏だと記録が残っています。
　秦始皇帝（嬴政）23年（楚王熊負芻５年、紀元前223年）、楚国は秦国と重なっている領地を失います。多くの人が熊姓に変えます。国を失い奉の鬻熊が姓の始祖となりなした。多くの亡命者も出しました。この人達が倭に渡り建国したのが狗邪国です。
　楚国は舟を造り、舟の運航に関わり、木工、裁工が得意な民族です。景行天皇の景は楚国の熊姓から分かれた姓ですから、何らの関係がある

かもしれません。

　熊姓は華夏族ですから、これで全部繋がりました。

　北は斎と燕、盖から倭、出雲に渡りました。南は白水県、楚、越（上海）、閩越から水路で倭の有明海、出雲や越に渡りました。それ以外にも高句麗や女真、契丹、鮮卑、秦、胡の民族も渡来しています。中国大陸の影響を受けていました。

　軒轅（xuān yuán）複姓、是黃帝嫡傳後代、出自有熊氏、亦稱為帝鴻氏。黃帝曾居於軒轅之丘、故而得姓軒轅、黃帝的後代子孫遂稱軒轅氏、後周武王伐紂分封軒轅子孫於鑄國、改為鑄氏。

　軒轅（xuān yuán）は漢字２字以上からなる姓、これは黃帝から後の時代の本来の血筋です。

　有熊氏が自ら出る、また帝鴻氏（中華民族の祖先の人物。古代東方の氏族首領）は稱為り。黃帝は軒轅の丘の居で会う、理由は軒轅の姓を得る、黃帝の後の代の子孫は軒轅氏の思うようになる、後に周武王は軒轅の子孫に分けて鑄國を封ずる（領土を与える）、改め鑄氏と為す。

　卑弥呼の爰（yuán）も有熊の遠祖も黃帝（Huángdì）です。同じ遠祖の狗邪の卑弥弓呼（熊襲国、熊姓の王）に卑弥呼が１年〜１年半も掛けて説得したのは何を話したのでしょうか？

　参考までに天皇（三皇五帝）の初めから説明しますが史記の違いで様々な説が有りますから「史記·秦始皇本紀」から天皇、地皇（崇神天皇が名乗ります）、泰皇（秦の始皇）を出自し他は参考で三皇五帝分けると各説が有ります。

　天皇、地皇、泰皇·出自「史記·秦始皇本記」。天皇、地皇、人皇·出自「史記·補三皇本記」。

　燧人、伏義、神農·出自「尚書大伝」。伏義、女媧、神農·出自「春秋運門枢」、伏義、神農、黃帝·出自「三字経」。

五帝は黄帝（軒轅）、青帝（伏羲）、赤帝又叫炎帝（神農）、白帝（少昊）、黒帝（顓頊）です。

第十五章

弥生人

　縄文人と弥生人はどこが違うのでしょう？
　縄文人はアジア大陸の民族より古い民族だと言われていますが、弥生期に入ってから弥生系渡来人の混血で日本人の姿ができてきます。DNAからは渡来系弥生人が80％と縄文人が20％と言われていますが、渡来系弥生人と縄文人が結ばれます。その子供は10分の5＋10分の5です。その子供が渡来系弥生人と結ばれますと渡来系弥生人が100分75、縄文人が25％になり、孫の代で75対25になりますが、長い時間が流れたのでしょう、寧ろこの紀元前2世紀から2世紀は史料より多くの渡来系弥生人が倭国と本州に来たと解釈します。資料がないからわからないでは前に進めません。
　弥生系渡来人とは現代に残っている資料には魏史倭人伝、徐福伝説、北魏の大同（敦煌）鮮卑、白水郎が記載されている風土記や万葉の歌等と白水郎の故郷、越の地の白水人や魏志倭人伝の卑弥呼とそれに、纏わる鳥越族の郡と対立する熊姓の一族等です。
　北方遊牧民の渡来説は既に前文で説明しました。朝鮮半島の渡来人は朝鮮半島の地形が大きく影響しています。西は平野部で東は山脈が連なっていて、海も深く直ぐ山や崖です。海路も陸路も南下するのは無理があり、当然朝鮮半島の西側が南下道です。
　北西は漢、魏の国が統治し、高句麗は滅亡しています。南には百済があるので高句麗や百済からも魏以降、倭には多くの民族が渡来したでしょう。胡に近い百済は越から移り住んだ胡の人かも知れません。百済

と大和の関係は後年の歴史にも答えが出ています。

　後から渡来するほど条件が悪く、北に向かいます。馬と共に渡来した北方遊牧民は馬を南の阿蘇山のすそ野で育てますが、なぜか群馬の、それもいきなり榛名山のすそ野で育てています。余りにも距離が離れすぎており、どうしたことでしょうか。

　古書に出てくるもう一つの民族、白水郎を調べますと福建省の安南（ベトナム）水上生活者と記されていますが、真臘（カンボジア）の水上生活者が良く知られています。地形的には真臘の水上生活者と違いがわかってきましたがこれでは越国・安南（ベトナム語、安南は漢語で安南 Ānnán）となぜ、古代日本国と繋がるのかわかりません。

　紀元前に台湾を隔てた西の帝国を探しますと、北から呉越、甌越、閩越、南越、西甌、駱越、越裳、亦呉越の西に邗越と揚越、他にも多くの小国を諸国と記載しています。これらを纏めた百越の国がありました。

　漢文で記されている水上生活者とは、苦役、漁、交易を行い、特に交易は内陸にも影響があったと思われます。

　真臘風土記に交易が盛んで女性が貿易を行ったとあります。貿易とは交易で得た商品を女性が売りさばきますので、貿易の女性に男性が先進国の漢人と名乗り、女性を騙す事件もありました。勿論、男性は処罰を受けたと記されています。

　秦から漢に諸国時代と共に領土は縮小、滅亡して越南にとなり、その南は嶺南地区と変っていきます。

　本洲島（日本国）日本海沿いの北東に越前、越中、越後、陵南の地名があります。

　これが百越と繋がれば白水郎が倭の対馬や海部（漢越音 Kaifu・Amabe）郷だけでなくこの地まで来て、この地で生活があったことを証明できます。

　いきなり越国ではありません。日本国の8世紀に越国（こしのくに）と言われていた越後国、越中国、能登国、加賀国、越前国と三越に関して

はもしくは越州の名称です。

　7世紀前は高志国と、それ以前は古志国と言われていました。若狭から高志、三国と角鹿、それに加我国に造と「国造本紀」の四国造に記載されていますから、ベトナム語に翻訳してみます。若狭の漢越音はWakasa、高志はTakashi、koji、三国はba・nước　少し発音が違いますから、三国はどこから、豪族の名から来ているという説があります。角鹿はTsunogaです。敦賀Tsuruga、ベトナム語では角鹿も敦賀も同じ発音で日本語と変りがありません。三国だけがどこから来たのでしょうか。三国は三つの国に当て字かもしれません。

　ひ、ふ、み、よ、いつつ、別にひとつ、ふたつ、みっつ、よっつ、いつつと発音しますがひ国、ふ国は無いですが三国だけはあります。当て字と解釈するのは簡単ですが、他に何かあるかもしれません。わかれば三国に越以外の民族が存在したかもしれません。

　時代的に考えれば大陸の越と本州島の越とは繋がりませんが、繋いで見せましょう。

　百越の多くの国中に海に面した中心的な駱越国の都が交趾（こし）と言いました。それから越南に変わっていきますが、北部は交趾郡です。国名より交趾の地名が優先されています。交趾、（漢音jiāo jī、漢越音koji）こしと発音するからには明らかに秦、漢の言葉ではありません。

　秦の時代にこの地方を一部占領できず、土地の有力者に秦の女性を嫁がせて同盟を結び、秦の支配化を図り、それでも上手くできずに相手国の風習と宗教に合わせる始末です。余りの違いに簡単に言えば面喰ったと言うことでしょう。余りの風習の違いは中国大陸の大きさ、民族も含めその大きさを理解するには無理があるでしょう。しかし北越と交趾郡は漢の影響下にあったはずです。当時の詳細はわかりませんが前後の文章で何となく理解して下さい。なぜならそこまで正しく書いた資料はありません。

　話は飛びます。決定的な証拠は息長家に関係が深い継体天皇が越から滋賀を経由し河内王朝を樹立したことです。かなり皇位継承には時間が

掛かりすぎていますが、河内王朝は「かわち」ではなく「こうち」と読みますが、漢越音では Hà Nội と読みます。ベトナムの都ハノイと同じ名称です。

胡と越の資料を探していますと直ぐに見つかりました。資料は幾冊か本の古代史から抜粋し、中国大陸の古代を詳しく記した、かなり公の文書です。紹介します。

周時期、古代中国人泛称東南方人爲「越」、北方人爲「胡」。
根據目前考古学的証據，距今七千年的浙江「河姆渡文化」遺址，很可能就是某一种「越」所創造出來的文化。河姆渡遺址發見了稻谷、稻草和稻殼的堆積，是當時世界營現最早的稻作文化，后來在黃河流域的裴李崗遺址、賈湖遺址和長江中游流域的彭頭山遺址等地營現了更早的稻作文化。
此外、現在的考古学家也普遍計爲，廣泛分布于中国南方各地的以幾何印紋陶爲主要特徵的文化遺存，可能也是由某种「越」所創造出來的。這种几何印紋陶、在時間上縱四千多年前的新石器時代晚期開始、一直延續到商周秦漢時期。商、周時期，古代中国人泛称東南方人爲「越」、北方人爲「胡」。「于越」是春秋時期之越国的前身、最早在商朝的时候就已經存在，虽然没有参加武王伐紂、但至少曾经北上当周成王的宾客。謂国傳至勾踐的时候、他試著向北擴張、曾经沿著江蘇的海岸北上胶州灣。很多「越」人以象牙、玳瑁、翠毛、犀角、玉桂和香木等奢侈品，以交換北方的絲帛和手工產品。
春秋晚期至战国前期、長江入海口的「越」曾在今江浙一带建立强大的「越国」、共傳八代、歷百八十多年、与当时中原国家会盟、雄視江淮地区、号称「霸主」。有学者根據《史記》「越王勾踐世家」的描述，認爲這支「越」人是夏禹的后代。不過、研究「百越」的中国学者宋蜀華認爲：「勾踐的祖父夫鐔以上至夏少康庶子無余、世系不清楚 " 夏少康经商至周敬王共六十余代、兩者世系相差近千年、把越王勾踐説成是夏少康的后裔、實难信服」。此外、宋蜀華也認爲夏文化和各种「越」文化截然不同、因爲：「夏

人活動地区從未發現過、印紋陶文化、而「印紋陶」流行地区也從未發現過「二里頭文化」」。

公元前三百三十三年、楚威王興兵伐越、大敗越国、尽取吴越之地。從這個時候開始、文献中便出現了「百越」這一個新的稱謂。战国后期、除了有「百越」這個名称以外、還有「揚越」等名称。

秦漢時、相關史籍則泛称中国南方的民族爲「越」、史称「北方胡、南方越」。隨着中原人对南方民族的深入了解，到汉朝时期開始将泛称细化爲「東瓯越」、「閩越」、「南越」、「西瓯越」「駱越」等上百种「越」。「東瓯越」在現今浙江省南部、「閩越」在今福建省、「南越」在今廣東省及廣西東南部：「西瓯越」在今廣西中部：「駱越」在今廣西西南部及越南北部。

「百越」諸民族被汉武帝征服后、其地被汉朝設置郡县。此后、「百越」這個名称就不再出現。百越文献記載。

訳してみます。魏志倭人伝にある禾稻（古文で禾稻、現代文で稲谷 Dàogǔ もみ）が遺跡から発掘された重要な話です。

周の時代、古代中国の広範囲に称する東南方人は「越」と称し、北方人を「胡」と称します。

前考古学による証拠によれば、今から7000年の浙江"河姆渡文化"遺跡から、大変早い時期に「越」が文化を形成していたことがわかります。河姆渡遺址（[Hemudu Site] 中国の晩期新石器時代の遺跡、位地は寧波市区約二十公里の餘姚市河姆渡鎮、面積約4万平方米、1973年発掘を開始、中国が早い時期に発掘した新石器時代の文化遺跡の一つ）から発見した稲谷（もみ）、稲草（稲わら）と稲壳（稲がら）を積み上げていた。是は当時、世界でカルカヤ、メガルカルカヤが最も早く現れた稲作文化です。その後黄河流域の裴李崗遺跡（全國の重点文物保護単位、位地に於ける河南省新鄭市西北約8キロメートルの裴李崗村西、遺跡の年代は今から約8000年前です）にも在ります。賈湖遺跡（是は中國の新石器時代前期重要遺跡、C14、光年測定の結果表示は今から約9000～7500年前です。位地は河南省舞陽県の北舞渡鎮の西南1.5キロメートルの賈湖村です。20世紀から60年代初、保護区面積5.5万平方米、規模は大きく、

保存完整、文化積澱極［漢族の原生宗教道教の重要道場、道教文化積澱極］の新石器時代早期の保存遺跡）。あとは長江の中流域の彭頭山遺跡（遺跡の位置は於湖南省澧県澧陽平原中部。彭頭山文化時代に遺存、是は長江流域で最も早期の新石器時代文化、年代は今から約 8200 ～ 7800 年前です）地に菅(すが)が現れ、更に早い稲作文化です。

これ以外に、現在の考古学家にも知られているのは、広範囲の主要部分に関わる中国南方各地の以幾何印紋陶（馬橋文化は上海閔行馬橋鎮で発掘された古文化遺跡、年代は約今から 3800 年～ 3200 年前、陶器は泥製の紅褐陶、泥製灰陶、黒陶が主にでます。且つ陶器器表の普通は拍［たたく］印、幾何印紋、が顕著な特徴です。太倉維新遺跡はから出土の幾何印紋灰陶罐［液体或食品を入れる陶製容器で完全に符合が上に述べたとおり特徴です］）。主要な特徴の文化を残しており、この由来は「越」で作られた稲である。これら稲の幾何学紋陶、四千多年前の新石器時代の晩期に開始され、その直線上到るのは商、周秦漢の時代です。商、周の時代、古代中国人の通称東南方人は「越」、北方人は「胡」と言いました。「于越」是は春秋時代の越国の前身（古時代は地理的にも北方民族に近い位地です）、最初に商朝に存在したが、武王の切削に参加せず、周成王（周成王姫誦、姫姓、名誦、周武王姫発の子、母邑姜［斉太公呂尚の女］、西周王朝第二位君主、在位 37 年）の来賓に到る。謂国（國具の一県）が勾践に渡ると、北に拡大しようとし、胶州湾の北にある江蘇省の海岸に沿っていった。很み多き"越"人は、象牙、玳瑁、翠毛、犀角、玉桂和香木等奢侈品（人が生存発展する貴重な品）を北方の絲帛和手工芸品と交換した。

春秋晩年の時代に战国前期に至る。長江の入海口（英語で Mountain river 和語で長洲）の「越」は今の江浙一帯に強大な「越国」を有していた。伝統は 8 代に及び歴史は 160 年続きます。当時は中原国家と同盟関係にあり（漢を Kan と呼ぶ民族は日本と北方民族だけで、漢も越も英国も Han と発音します）、雄視江淮地区（西元前 473 年、越王が呉国を撃滅します、北上し興し当時も中原国家同盟に加わります。雄視江淮地区です）で、号を「霸主」と

称した。学者には根拠があり（史記）、「越王勾践世家」を描（かきの）べる。これらを認めなければ「越」人は夏禹（兎が建てたとされる中国最古の王朝の名）の后代（あとのだい）になる。不過、研究「百越」の中国学者は宋蜀華（宋蜀華［1923～2004年］四川成都人、燕京大学社会学系を1946年卒業、学士学位を得る）が認める"勾践（越王勾践［約前520年～前465年］、姒姓、又の名を鳩淺、菼執、夏禹の後裔、越王允常、黑齒常之［630～689年11月26日、百濟《朝鮮半島西南部》人、黑齒氏、唐朝著名軍事將領］の子、春秋末年の越国の国君）の祖父の夫鐔（中国春秋時代に越國の第一任君主、前565～前538年在位、以前に趙を討伐する兵を出す、死後、其子允常が即位）は夏の少康である。庶子（非摘出子）余すところなくさらけだす。家系ははっきりしていない、夏の少康、周敬王（姬匄、姬姓、名匄、東周の君主、謚號敬王。是は周景王の兒子、週悼王の弟です）と共に商売をする六十余代、兩者の世代の差は千年近く、越王勾践の成り立ちの説は掌握しているのは夏の少康の末裔ということ、実際信じがたい。これ以外、様々な夏文化を宋蜀華は認めるが「越」の文化は截然（せつぜん）と（明らかに）異なりながらも受け継いでいる。「夏人の活動地区はいまだに発見されていないが、「印紋陶文化」、而に「印紋陶」のこれほど見られる地区は「二里頭文化」以降発見されていない。

紀元前333年、楚威王（楚威王熊商［？～前329年］華夏族、半姓、熊氏、名商、楚宣王の子、戰國時代の楚國の國君［君主］、その父楚宣王を継承し救う。魏が趙を討伐し巴［周時代の国名］蜀が、構成して開拓を興す。戦国時代、楚國を継ぐ楚悼王を以後に使わし楚国は国勢が発展し最強の君王となる。他、一生を以って大きく取り戻し楚莊王時代の霸業［支配権を握ること］と志業［志を以って計画する］を為す）越の討伐の兵を興し越国は大敗する、その呉越の地を取り戻します。これから文献の簡単な「百越」が現れます。战国の後期、「百越」は除かれ、「揚越」等の名称になります。

秦漢の時代、互（たが）い違いの歴史書として、中国南方の民族「越」と通称します。史は通称「北方胡、南方越」。中原人は後から着く南方民族の侵入を了解します。漢朝時代に始まった将軍によって細かく分けられま

す。「東甌越」、「閩越」、「南越」、「西甌越」、「駱越」等100近くの「越」になります。「東甌越」は現在は今の浙江省南部です。「閩越」は現在は今の福建省、「南越」は今の廣東省及廣西東南部です。「西甌越」は現在は今の廣西中部「駱越」は現在は今の廣西西南部及越南北部です。「百越」の諸民族は漢武帝征服后です。その地は漢朝が設置した郡や県です。この後、「百越」のこの名は二度と語られることはありませんでした。百越の文献を記載します。

現在の韓国も越南も Mongolia、中国も日本が使っている古い漢字（繁体文字）を使っていれば世界は大きく変わっていたでしょう。

意外と古代を辿っていると簡単なことに出会います。Betonamu は倭語では越南です。

北越には日本語の地名らしきものはありませんが、越南には北から交阯郡は首都の河内（漢越音 Hanoi）があり、直ぐ南に九真郡、その南が日南（漢越音 Nichenan）でいずれも北部湾に面しています。

漢越音の Koji は胡志、交阯、古志、高志から越、交阯郡は北陸に、九真郡と日南郡は南九州に、熊姓は百越の北部、部落か国？　村から出自しています。しかし九真の倭音は Kyūshin、漢越音は Kyushin、漢語で九真の漢音は Jiǔ zhēn を漢越音で chín dúng、漢の影響はありません。寧ろ九真から倭と、倭から九真に交流をしていたと解釈するのが適当かも知れません。

何となく纏まりました。北九州は烏丸や白水郎と言われる越南ですが、徐福が工匠多数と日向に渡来して既に胡人や秦人が暮らし、その後にも筑後川周辺に胡越南の一族が国を創っています。

遠祖は胡の人ですが、胡の人も多くの集合体の民族です。南下した胡の民族も南下し、越に一部は同化しています。古胡から大陸を南下し越に入る朝鮮半島に南下し倭に入る。重要なのはいずれも決まった土地の定住者でなく長い旅路を厭わない民族かも知れません。

胡から鮮卑、鮮卑に交わった匈奴、匈奴に交わったペルシャ、南から

は越南と、弥生期に渡来する人々に多くの部落、民族が混じり倭国で戦う、そんな構図が見えてきました。

第十六章

天皇氏から始皇帝と燕

　伝説の天皇氏は「地皇氏」之父、「人皇氏」之祖になります。

　天皇氏、開天闢地之後的第一位君王、是中國上古傳說中的神話人物、共有兄弟十二人（一說十三人）、古越族、姓望、名獲、字文生、別號天靈、防五、天霧。這十二個兄弟身材相貌長得都一樣、無法分辨。他們以木德王天下、治所在百越良渚古城中的莫角山台址上、共在位一千八百年。傳說天皇氏出現在三皇之前、又傳說天皇氏是地皇氏之父、人皇氏之祖父、「五龍」之首。
　據宋 羅泌（路史、前紀二、天皇紀）載「粵有天皇」是曰天靈、望獲 強尊。天皇氏、也是中國道教中三皇的天寶君。在統治天下三十六萬年以後、天皇氏白日昇仙、飛上三玄空天宮中。伏羲等三皇五帝是其後裔。（概述內圖片來源）

　天皇氏、天が開く始りの地の後の第一の君主である。中国上、古い伝説の神話の人物、兄弟は十二人（一説十三人とも）あり古越族、姓は望、名は護、字は文生、別の號は天霊、五（五帝とは、一説を指す黃帝、顓頊［zhuān xū］、帝嚳［kù］、堯［Yáo］、舜［Shùn］。第二の説を指す、大皞［hào］伏羲、炎帝、黃帝、少皞［少昊］、顓頊。第三の説を指す、少皞［昊］、顓頊、高辛［帝嚳］、堯、舜）時代の始め（約紀元前25世紀時代の終わりは、約紀元前21世紀）、天のもやい。この12人の兄弟の体つき、見た目の容姿は似ており、一様に長期にわたり都を得る、無法は見分けると、皇伯、皇仲、皇季、皇少になります。

あくまで参考です。12の天皇氏は1～12月の各月ごとに地平線から上る太陽を指します。地平線から現れる朝日は月が変わるごとに見える位置がずれてきます。そして北寄りから南に戻ります。日が変わり、まっかな赤い太陽が地平線（海の果て）から現れます。そして光を発し天を照らします。天照です。光り輝き、その後は一日が終わり元の赤い夕陽になり隠れてしまいます。日はどこに隠れたのでしょうか。わからなかったでしょう。赤い太陽は日といいます。日の丸でなく日です。12紋章のはじめ1番目です。3番目が月です。太陽が上ると光り輝き明るくなり諸々の生き物が活動します。それが天照で天皇のお姿を表しています。

あの人達を以って木德王（伏羲、華夏民族人文の先始人、中国で最も早く文献に記載された創世神）の天下となり、百越が在った所を治め、莫角山遺址（浙江省杭州市餘杭區、處於三面環山的河谷地帶、東苕溪自西南向東北流過）の上、良渚古城（良渚古城［紀元前3300～2300年］位於浙江省杭州市餘杭區瓶窯鎮內、是中國長江下游環太湖地區的一個區域性早期國家的權力與信仰中心所在。良渚古城是長江下游地區首次發現的新石器時代城址、在陝西神木石峁遺址發現之前、是、中國最大的史前城址、一直被譽為「中華第一城」）に1800年在位した。

共に在位の父、人皇氏（中國古代神話人物。在遠古時代、皇的原始意義是神祇、氏的原始意義也是神祇、但神性稍次於盤古和玉皇大帝、我們可稱之為第二級の神祇）の祖父、「五龍」（五龍是、古中國の神話伝説の思想上の五つの龍、即、青龍、赤龍、黃龍、白龍、黑龍。也を指す遠い古時代の神話の伝説の五つの大部落の首領。分けて見ると皇伯、皇仲、皇叔、皇季、皇少になります。他には道教五行神を指します）が最初である。

五帝から進めていきます。黄帝の後に夏王朝（紀元前約2070～1600年）初代「禹」（Yǔ）（鯀の子）から「启」「太康」「仲康」「相」「少康」（Shǎokāng）から「予」と続き、「癸」（Guǐ）「桀」（Jié）で終わり、商王朝（紀元前1600～1300）に変わります。

商王朝は「湯」（Tāng）華夏族から「盤庚」華夏族、商後期（紀元前1300～1046年）「小辛」（名頌、盤庚の弟、紀元前1300年）から「帝辛」（商

王朝最後の王、諡号、世稱殷王、商王）が紀元前1075年に終わり、周王朝（紀元前1046～256年）に変わっていきます。

初めは西周王朝（紀元前1046～771年）の皇帝は武王（姫（Jī）姓、發（Fā）紀元前1046）幽王。周代第12代王（姫宮涅）で終わり、王室の内乱により東周（紀元前770～256）に繋ぎます。

国は乱れ戦国時代になり各地の首領が台頭してきます。秦、魏、韓、趙、楚、燕、斎です。

初代は平王（姫宣曰紀元前770年）から赧王姫延（約紀元前316～256年在位）、姫姓、名延、亦稱王赧（nǎn）で終わり、秦［秦帝国］（紀元前221～206年）の時代になります。

秦の初めは昭襄王（紀元前325～205①十一年）、又、稱す、秦昭王、嬴姓、趙氏、と名乗ります。又名稷、秦惠文王の子、秦武王異母弟、戦国時代秦国の国君、紀元前306～251年在位、中国の歴史上、在位は最長の国君の一人です。早年に燕国の人質になりました。

次の王は孝文王（紀元前250年）で在位は僅か一年です。

庄襄王（紀元前249年、在位三年）を経て秦を完成した始皇帝（紀元前259～210年、嬴姓、趙氏、名は政、趙正［政］［紀元前246年、在位37年］）が登場します。

秦天六国形勢力の侵攻年度を調べて見ます、最初の攻撃は紀元前230年に西隣の「韓」を滅ぼします。次に「趙」を前228年に滅ぼしそのまま駒を進め、「燕」（北京）に入ります朝鮮半島の北から南まで西側七割まで燕の領地です。前222に滅ぼします。

前221年には斎に攻めますが攻めきれず同盟を結びます。前226年には魏を、223年には楚を滅ぼして統一します。

秦の終わりの王朝は二世皇帝（紀元前209年）、在位は短く3年です。

漢（汉Hàn）王朝の始まりは（紀元前206年～紀元220年）先に西漢（紀元前206年）から太祖高皇帝劉邦（紀元前206年、在位12年）です。指摘し包括すると西漢皇帝、新朝皇帝、東漢皇帝、蜀漢皇帝、漢趙皇帝、その

他に追尊皇帝や自立の宗室があります。幾つかの国が各々皇帝を名のりました。

『三国志』の巻1　魏書1　武帝操（曹操）等がいます。

その後は恵帝、高后、文帝、武帝、昭帝、宣帝、元帝、成帝、袁帝（劉欣）、平帝、王莽摂政、王莽、更始帝（劉玄、紀元 23 年）。これが正しいわけではありません。資料によって合致しないところがありますが、全て劉で占められています。

東漢（25 年～ 220 年）から三国に至る書籍に記された様々な事件が出てきます。

東漢初めは光武帝（劉秀）が治めます。25 年から建武（32 年）56 年から建武中元（2 年）までかなり長く漢を治めますが特に景行天皇が光武帝の多くの妃を娶り、外戚で国を治める方法を模倣しているのが気にかかります。

次は明帝（劉庄、58 年）、章帝（劉炟、76 年）、和帝（劉肇［Zhào］89 年）、殇（Shāng）帝（劉隆、106 年）、清河孝王（徳皇、劉慶生母は宋貴人）、安帝（劉祜・劉懿、126 年）、順帝（劉保、126 年）、冲帝（劉炳、145 年）、質帝（劉纘、146 年、在位 1 年）、河間孝王、穆皇、崇皇、桓帝（劉志、147 年、在位 22 年）、元皇、仁皇、霊帝（劉宏、168 年、在位 22 年）、弘農懐王、献皇帝（196 年、在位 30 年）（諡号、魏明帝曹叡）、愍皇帝（諡号、昭烈帝劉備）。これから『三国志』の世界です。

三国（220 年～ 280 年）、初めは文帝（曹丕、220 年）、漢末は曹操ですが、『三国志』では魏の建国は文帝操で紹介されています。重要な箇所です。『三国志』の全ての目的を表記していると言っても過言ではありません。

次は明帝（曹叡 227 年在位 15 年）ですが、東漢の明帝（58 年）と東晋の明帝（322 年）と違います。

齊王（曹芳、240 年）、高貴郷公（曹髦、254 年）元帝（曹奐、260 年）。

蜀漢の初代皇帝は漢昭烈帝（劉備、221 年）、后主（劉禅、223 年）。

呉の初代は大帝（孫権、222 年）、會稽王（孫亮、252 年）、景帝（孫休、258 年）、

烏程侯（孫皓、264～277年）です。

その後は晋の時代に入ります。

しかし、景初2年（238年）6月、曹叡賜予日本卑彌呼金印、封其為「親魏倭王」曹叡的健康開始亞化。が通説です。

崇人天皇の朝貢の時期が光武帝では年代が合致しません。少なくとも霊帝（168年）、献帝（196年）になります。

卑弥呼の明帝から授かった「親魏倭王」ではなく、「漢委奴国王」と金印は記されています。

なぜ漢か。確かに朝鮮半島の帯方郡は曹操の支配地ですが漢領です。袁紹の后、劉夫人は袁を消滅させた魏からは受取らないでしょう。袁紹の父袁逢は漢の高官皇族です。父より身分の高い兄の袁基は殺されています。曹操の長男曹丕が魏の初代皇帝です。

曹丕の妃（妻）は袁紹と劉夫人の実子、次男袁熙の后（文徳郭皇后）です。劉夫人が咄嗟の機転で郭夫人を救います。

明帝は郭夫人と曹丕のお子です。魏の実権を握っているのは明帝でなく郭女王です。郭女王から義理の母親、命を救ってくれた恩人劉夫人に金印を渡しました。

年代を整理すると『三国志』の初めは魏の曹操で始まり、共に過ごした友、袁紹の后劉夫人で終わります。

第十七章

黄帝

　ワープロの文字列の途中に「卑弥呼」と太文字が浮かび上がりました。黄帝に合わせてあげると言っています。記紀の編纂者が古い話を知らずに神話にしたのではなく充分に熟知して神話にしたと、ここに来てわかりました。なぜなら文章を書くということは文字を読めると言うことです。なぜ、私も書くのかわかりません。ここからは神話の世界にしてほしいとお願いしました。

　なぜ、そんな話をするのか、もしかして私達と繋がっているかもしれません。

　黄帝（紀元前2717年〜紀元前2599年）は古華夏部落連盟の首領です。弥生の日本人はここから始まります。初めの中原の国が次の中原に侵攻した一族に追い払われる、その一族の政権が中原に樹立します。次の国が既に建国した一族を中原から東北に追い掃うこの繰り返しで古い国は追い詰められ、はみ出し船と航路の発達に沿って終着地が倭、本州島です。

　物事の基本は意外と簡単かもしれません。遥か昔にAfricaから人類はOld Americaまでの長い旅が始まります。途中から順次に定着していきます。中国に定着し倭にも定着し、長い長い縄文の時代を経過します。陸の通路でなく海の通路が開けて本州島や倭に弥生人が渡来します。

　中国の古代は華夏民族から始まり古代の甲骨文では非常に崇高な民族と評価されています。黄河流域に広がり居住したと記されて五帝と伝説では言われています。五帝とはまとめ言葉です。最初の古代中国の伝説

で五の部落の首領です。話は三つの説があり、第一の説は黄帝、顓頊（zhuān xū)、帝嚳（kù）、堯、舜です。第二の説は大皞（伏羲）、炎帝、黄帝、少皞（少昊）、顓頊です。第三の説は少昊（皞）、顓頊、高辛（帝嚳）、堯、舜です。秦国の時代になると四帝（白帝、青帝、黄帝、炎帝）を崇拝し神と祭り後に黒帝を加え五帝とします。

　第二の解釈は古代中国の神話の五位天帝です。即五方上帝を分けて別に中央の上帝を黄帝、東方の上帝を青帝（伏羲）、南方の上帝を赤帝（炎帝）、西方の上帝が白帝（少昊）、北方の上帝が黒帝（一般に玄帝、か顓頊）です。之を五帝時期と言います。五帝には五帝和后があります。亡くなった人を神として祭ったのです。先の五帝は儒教や道教を信仰していました。

　古代の中国は華夏民族から始まり、中華は人文の初祖と言われています。

　初めの附宝は有蟜氏の部落の女性で姒姓（Si）です。有熊国君主の少典の妻子で、黄帝軒轅氏の母親と言われています。

　黄帝の姓は公孫で、名は軒轅と名乗り後に姫姓改め姫軒轅となります。他には帝鴻氏が古代東方氏族の首領です。山海經大荒東經の帝俊（中国神話の中の上古天帝）の御子と記されています。

　（左傳 文公18年）昔、帝鴻氏の子は才能の無い子で義を覆って泥棒を隠し暴力も奮うとまだまだ悪事を綴っています。（山海經・大荒東經）白い民の國がある帝鴻は帝俊から生を受け、帝鴻は白民で白民の銷姓です。黍を食し四鳥（古代歴正[司歴官]鳳鳥氏的四属官、玄鳥氏、伯趙氏、青鳥氏、丹鳥氏）を使い、虎、豹、熊、羆とする。

　又拠り所とした（『史記』）の説では黄帝の姓は公孫で、是は（『史記索隠』）両姓を調和し黄帝の本姓を公孫としました。

　この外に（『史記』）軒轅の名に戻す説とか但しなぜ、何のためにしたのか説明できません。（『史記集解』）の説では他に有熊があります。（『史記索隠』）に就いては黄帝は有熊國の御子だと言う説、故が有熊説です。軒轅も是は他の良く知られた名です。又、以って號説の拠り所は（左傳）に記載されている號帝鴻氏の説です。

『史記正義』の解釈では黄帝は有熊國の君主だと號有熊氏だという説です。及び他にも縉雲氏と又、帝鴻氏や帝軒氏と他にも色々な諸説があります。当然のことです。昔のことはわかりません。そうかも知れないのであって確実な話等ないのが当たり前です。

中華姚氏求正堂 編輯：舜裔中華姚氏求正堂 [姚姓總宗祠聖仁堂一一姚姓存仁堂] 德府世家德主人是中華始祖三皇五帝之一聖祖聖天子虞舜大帝姚重華之正統正支嫡長系血脈百四十世嫡長孫姚丹萍 [字；姚舜修. 號：安平君] 先生。舜帝姚重華的血脈今已繁衍至一百四十幾代、遍及天下、凡陳姓、王姓、胡姓、潘姓、田姓、文姓、陸姓、孫姓、虞姓、姫姓、袁姓等近百姓氏皆是姚姓衍生之分支、皆為吾中華始祖聖天子舜帝姚重華之血脈、承啟天運、舜脈永續、奉祀祖宗、華夏永固。

中華姚氏求正堂の編集：舜裔中華姚氏求正堂［姚姓總宗祠聖仁堂の一、一姚姓の存仁堂］德府の旧家德主人、是は中華の始祖三皇五帝の一人で聖（皇帝に対する尊称）祖、聖天子虞舜大帝姚重華の正統で正しく支えた嫡長の系の血筋140世嫡長の孫の姚丹萍［字：姚舜修、號：安平君］先生（高名な学者、知識人に対する敬称）。舜帝姚重華の血脈は今すでに繁栄し140幾代、天下に広く展開し、およそ例とし陳姓、王姓、胡姓、潘姓、田姓、文姓、陸姓、孫姓、虞姓、姫姓、袁姓等、百姓氏は皆近く姚姓は広がります。皆、私達は中華の始祖聖天子舜帝姚重華の血筋です。天運を開受し舜の血統は永続に祖先を奉じて華夏は永固です。

この文章も一例です。弥生期の渡来者は華夏族と証明する話を幾つも散見します。古代弥生期を調べていくと華夏族の姓に遭遇し何となく弥生の渡来人の多くは華夏の人に思えてきました。既にある古文書に出てくる弥生期の渡来人を調べて見ますと、紀元前210年に方士徐福は本州島、南九州に渡来しています。徐福は斎の人で華夏族です。紀元前206年～190年の間に胡、鮮卑等の南下に依る白水郎、白水人の姓に姫

姓が見受けられます。華夏族です。その他にも華夏族の姓が見られます。卑弥呼も袁、もしくは姫姓ですから、やはり華夏族です。南九州で卑弥呼と対立していた熊襲も華夏族の姓です。決定的な話は魏志倭人伝の中国に詣でるや皆、自称大夫だと称す。夏朝第六代の少康、又は別の名は杜康、華夏族の子（子孫）に會稽で官職を授かった末裔の自称大夫だと言っており、華夏族の末裔だと言っています。偶然でもこじ付けでもありません。調べていくとそこにつき当ります。どう解釈したらよいのでしょうか。困ってしまいました。記紀の編纂者、中国古代史の編纂者と同じ神の話にすれば良いという結論になります。

　　華夏族是中華民族最早、最受各界認同的民族稱號。華夏也稱「夏」、「諸夏」。古代居住於中原地區的華夏兒女為區別四夷（東夷、南蠻、西戎、北狄）又稱中夏。華與夏曾相互通用，「中夏」又稱「中華」。孔子視「夏」與「華」為同義詞。
　　在甲骨文中、華這個字的地位非常崇高。華夏族是黃河流域的最早居民、文明史最早可以追溯到八千年前黃河流域的大地灣文明和裴李崗文明，其文明傳承脈絡是：大地灣文明和裴李崗文明——仰韶文明——龍山文明——二里頭文明。東漢以後華夏族開始接受「漢人」的稱呼，但是華夏這個稱謂並沒有因此消失、而是延續至今。
　　「比如漢朝多以」華夏人自居。而明朝即以漢自居也以華夏自居、兩個詞為同義詞。總之、漢族和華夏族作為整體族稱是自從漢朝到現在最普遍的。
　　古代漢族往海外移民時自稱華夏人、由此產生「華人」一詞。「華人」一詞最初指漢族、但隨著華夏文明擴展到全國各地、「華人」的概念漸漸由當初單指漢族、擴展到中華大地受中華文明影響的少數民族、成了全體中華民族的代稱。
　　華夏先民分為許多部落、活躍於黃河中下游、自黃帝時統一為華夏部落聯盟。其中比較著名的首領有太昊（伏羲）、少昊（白帝）、顓頊（黑帝）、黃帝、炎帝（赤帝）、帝嚳（高辛氏）、堯、夏禹。其中伏羲、黃帝、夏禹為主。華夏族在黃河流域留下眾多的文明遺址。

華夏族は最も早期の中華民族です。各界で最も認められた同じ民族の称号です。華夏の稱を「夏」、「諸夏」と言います。（夏を華と言い変えたとの説あり）古代、中原地区に居住する華夏兒女（子女対する父母の自称）四夷（東夷、南蠻、西戎、北狄、しかし中原に建国するまでは秦も西戎、魏も東夷です）に区別する、別に中夏と稱する。以前に華と夏は相互に通用して「中夏」と「中華」は適合する。孔子が言うには「夏」も「華」も同義語とのこと。現在残っている甲骨文では、華、この一文字の地位は非常に崇高です。

　華夏族は、黄河流域に最も早く居住している民族です。文明史上に最も早く8000年前の黄河流域の大地の湾にできて、遡れば8000年前（遺跡は紀元前5500年から紀元前4900年の説があります）に到ります。黄河流域の大地湾文明を裴李崗文明（中国新石器時代の文化）と言います。その文明を脈々と伝承し（大地湾文明を裴李崗文明——仰韶文明——龍山文明——二里頭文明です）、東漢の以後は華夏族を「漢人」と呼び始めます（少し異論はあります）。但し是は華夏の、この呼び方はある時は消失しますが現在も延々と続いています。

　例えば漢朝は「華夏の人と」自任します。而に明朝は即ち漢を自任し、以て華夏を自任、両方の語は同義語とする。要するに、漢民族と華夏族は全体族で当然に漢朝から今まで最も普遍的と言うわけです。

　古代漢民族は海外に移民する時に自称、華夏と言います。これは「華人」の一言で、最初の漢民族も「華人」を指します。但し隋まで華夏文明が全国各地に展開します。「華人」の概念はだんだん当初から単に漢民族を指し、中華大地を受け中華文明の影響は少数民族全体の中華民族の代称になって行きます。

　華夏以前の民は多くの部落に分かれて、黄河中程の川下で活動します。黄帝の時からまとめて華夏部落連盟とする。その中でも比較的著名である首領は太昊（伏羲）、少昊（白帝）、顓頊（黒帝）、黄帝、炎帝（赤帝）、帝嚳（高辛氏）、堯、夏禹です。そのうちの伏羲、黄帝、夏禹が主とします。

華夏族は黄河流域で多くの文明の遺跡を残しました。

　比如漢朝多以「華夏人」自居。而明朝即以漢自居也以華夏自居、兩個詞為同義詞。總之、漢族和華夏族作為整體族稱是自從漢朝到現在最普遍的。
　古代漢族往海外移民時自稱華夏人、由此產生「華人」一詞。「華人」一詞最初指漢族、但隨著華夏文明擴展到全國各地、「華人」的概念漸漸由當初單指漢族、擴展到中華大地受中華文明影響的少數民族、成了全體中華民族的代稱。
　華夏先民分為許多部落、活躍於黃河中下游、自黃帝時統一為華夏部落聯盟。其中比較著名的首領有太昊（伏羲）、少昊（白帝）、顓頊（黑帝）、黃帝、炎帝（赤帝）、帝嚳（高辛氏）、堯、夏禹。其中伏羲、黃帝、夏禹為主。華夏族在黃河流域留下眾多的文明遺址。

　倭に多く烏垣の人が渡来していますから、姓を辿ってみます。

　烏姓出自姬姓、是黃帝的後代。相傳上古時候東方部落有一個首領叫少昊、是黃帝的後代、他的氏族崇拜鳥圖騰、他用百鳥名稱作為百官的名稱、其中有烏鳥氏。烏鳥氏的子孫中有的去掉鳥字、單用一個烏字、稱為烏氏、是烏姓的最早起源。春秋時期隴西有烏氏國（今寧夏六盤山東）、被秦國所滅、其國人以國名為姓氏、也稱為烏氏。北魏時北方有個安定國、是一支少數民族定居的地方、王族姓烏。（宋書外夷傳）記載:「其時有安定國、為烏氏王」

　烏姓の出自は姬姓であり、是は黃帝の後代である。言い伝えによればかつて東方に部落有り、少昊（華夏族古部落連盟首領）と呼んだ。是は黃帝の後の代、他の氏族が鳥圖騰（鳥のトーテム）を崇拝しており、鳥の名稱を官名に用いていた。そのなかにあったのが烏鳥氏。烏鳥氏の子孫中に１字烏の字をとり、烏氏とした者がおり、是が烏姓の最も早い起源。春秋時期に隴西（隴西県位於甘肅省東南部、定西市中部、渭河上游、地處隴中黃

土高原中部）に烏氏の国（今寧夏六盤山東があり）があり、秦国が衰えるところと被る。其国の人を以って国名と為し姓氏とす、烏氏となった。

　北魏の時代は北方に安定した国をつくり、分かれて少数民族として定住しており、王族の姓は烏であった。

　中国の古代から中原地区仰韶文化→中原龍山文化→二里頭文化（河南省市偃市二里頭遺址）→二里崗期商文化→夏→殷→周→秦→漢→三国→晋の流れになりますが、都という形ができたのは二里頭文化が初めで、遺跡から出てきた城郭の宮殿形式は、後年の紫禁城まで続いたと言われています。

　では日本の神武天皇（じんむ）（紀元前660～585年、Shénwǔ）はどうでしょうか。

　神姓源自姜姓、是一個比較少見的姓氏、在宋版（百家姓）中沒有出現。古典文集（丹徒縣志）中有載、「神農氏裔榆罔失帝位、子孫遂以神為氏。」根據《帝王世紀》記載、榆罔是中國氏族聯盟時代神農氏政權的最後一任君主、後被軒轅部落的黃帝打敗。

　神姓の出どころは元より姜姓であり、是の一つは比較的少なく見える姓氏であるが、宋版（百家姓）に現れている。古典文集（丹徒縣志）の中に「神農氏裔榆罔失帝位、子孫遂以神為氏。」の根拠は《帝王世紀》に記載されているとあり、榆罔、是は中国氏族聯盟時代の神農氏政權に最後を一任された君主であり、後から軒轅部落（[軒轅故郷、今に於ける]天水市清水県（旧白水県）新城区、中山路北端軒轅大道。是は軒轅黃帝誕生生活の所在地）の黃帝を打敗している。

　綏靖天皇（すいぜい）（紀元前58～49年、Suījìng）

　介子綏、春秋時晉國貴族、曾追隨晉獻公之子重耳在外流亡十九年。返

國後、重耳立為晉文公、在封賞隨從臣屬時、忘了封賞介之推。

介之推便和老母一道隱居於綿上（今山西介休縣東南）山中。文公為逼他出來、放火燒山、他堅持不出、被燒死。

文公為旌表介之推的功勞、將環綿上山一帶封為「介田」、綿山也因之又稱「介山」。《龍蛇歌》就是一首有關介之推的哀歌。

介子綏（Jièzǐ suī）は春秋の時期の晉国の貴族であり、以前晉獻公（？～紀元前651年、姬姓、名詭諸、晉武公の御子、春秋時期の晉国の君主、在位26年）の御子重耳（晋文公［紀元前671年 或前697年～前628年］、姬姓、名重耳、是、中国春秋の時期、晋国の第22任君主でそとに流亡19年）帰国後、重耳は立ち晉文公と為す。恩賞を長く尽くしてくれる臣屬に与える時もある、推薦して心に掛けた恩賞を忘れる。

安寧天皇（紀元前549年～11年）

五代時期、天下大亂、而安氏也出過兩位當時最有實權、最為神氣的節度使、那就是永興軍節度使安光鄴和成德軍節度使安重榮。他們二位、雖然都是獨當一面、大權在握的重臣、但都能行仁政、一點也不飛揚跋扈、所以能在青史留名。其中的安重榮、更曾在石敬塘答應做契丹人之子時、痛言此事乃、詘中國以尊夷狄、此萬世之恥也、而流芳百世。

出自華夏族原有姓氏。秦朝時有安期生、亦稱安期、人稱千歲翁、安丘先生。瑯琊人、師從河上公，黃老道家哲學傳人、方仙道的創始人。是秦漢期間燕、齊方士活動的代表人物。

五代の時期（據《史記》載、從齊獻公到齊莊公之父成公、共歷五代、僅經營了65年《[公元前860年至公元前795年]，平均每個國君在位只有十二三年、可見統治階級內部你爭我奪的鬥爭是多麼激烈。他們的爭鬥、給齊國經濟造成了極為不利的影響。這段時期是齊國歷史上的一個衰落期。》が一つに纏まる。）に天下は大乱、而に安氏と出過の二人は当時に最も実権があった。最も為せるのは神の

怒りをしずめる使である。それなら、永興軍（宋置、治京兆府［今西安］）は安光鄴（河南省安陽の北）と成德軍に使節を派遣する。

懿徳天皇（紀元前 510 ～ 477 年）

說為日本第四代天皇。其在《日本書紀》中被稱作大日本彥耜友尊，在《古事記》裡則名為大倭日子鉏友。身為欠史八代中第三位天皇，其生平幾無法考證。

父親・安寧天皇
母親・淳名底仲媛命
妻子・天丰津媛命
長子・孝昭天皇
次子・武石彥奇友背命

考昭天農（紀元前 475 ～ 309 年）

劉弗陵（紀元前九十四年～前七十四年）、即漢昭帝、漢武帝劉徹少子、趙婕妤（鉤弋夫人）所生。[1-2]

漢昭帝即位時年僅八歲、在霍光、金日磾、桑弘羊等輔政下、沿襲武帝后期政策，與民休息，加強北方戍防。始元六年（前八十一年）、召開「鹽鐵會議」、就武帝時期鹽鐵官營、治國理念等問題召集賢良文學討論、會後罷除榷酒（酒類專賣）。元鳳元年（紀元前八十年）、以謀反罪誅殺桑弘羊、上官桀等、專任霍光、進一步改革武帝時制度、罷不急之官、減輕賦稅。因內外措施得當、武帝后期遺留的矛盾基本得到了控制、西漢王朝衰退趨勢得以扭轉、「百姓充實、四夷賓服」。

劉弗陵（紀元前 94 年～紀元前 74 年）は漢昭帝です。漢武帝劉徹の子、趙婕妤（鉤弋夫人）のところで産まれる。漢昭帝が即位したのは僅か 8 歲、突然の光が有る。金日磾（［紀元前 134 年～紀元前 86 年］西漢時代の匈奴の政治家、桑弘羊［？～紀元前 80 年］漢武帝の顧命大臣の一人）等が祭りごとを補

佐した。

　私達の国は天皇制が長く続いています。ほんの少しですが分かりました。古代の皇位継承は国内だけでなく亜細亜大陸から渡ってきたかもしれません。
　卑弥呼なら景行天皇が崩御されたのちに、新しく財力もあり建国ができたはずですが、「壹興」を息長宿禰に預け仲哀天皇の後妃に勤めさせ穴門で8年暮らし、懐妊してから事を為します。
　8年の歳月は短いものではありません。正統性を守ったのです。渡来した多くの人は新しい国ができると全てが変わってしまいます。これでは私達の国が続かない。一人の系統者を守りとおしたのです。私達の国はお米が手に入ったから栄えてきたのです。

第十八章

立伝寺

　九州佐賀県に吉野ヶ里遺跡があります。ここが卑弥呼の奴国の居城です。
　ここから少し南に下ると塩田の町に本願寺派の古刹立伝寺があります。「立伝寺由緒覚」によれば、筑前の国津城主原田相模守二男の玄照が天正52年（1584年）に開基したと記されています。
　卑弥呼の後の応神天皇が劉一族を呼び寄せます。漢の皇族が日本に来て原田と名乗ります。
　立伝寺は「りゅうでんじ」と発音します。劉を伝えるお寺なのです。卑弥呼は劉夫人で応心天皇は孫になります。
　決め手もあります。それは「立」はLìと発音します。「劉」もLiúと発音しますがúがついていますが子音の第2声です。倭人には聞き取りにくく無視しても良いでしょう。他に龍と竜がありますが発音はLóngですので該当しません。立は劉の別の発音する漢字です。

　中国と日本では過去の歴史の捉え方、考え方が違います。別々の道を歩みましたから違って当たり前ですが、何となく釈然としないまま理解しました。過去の話を正しく話せないのは、歴史の流れと言っても良いと思いました。

卑弥呼曰鬼道及衆為是平安

雲私計人、成天知神、
秋元佐借、古事能衆、
春風往錦。

[著者]
山田　勝（やまだ・まさる）

英国から基軸通貨が米国に変更した1939年生まれ。神戸市東灘区で管工事業、三東工業株式会社を経営する。会社を閉じた後にふとしたきっかけで播磨風土記を題材にした播磨物語を出版する。播磨風土記編纂1300年の節目の年でした。卑弥呼の御子は息長帯媛後の神宮皇后です。
卑弥呼の話に違和感を覚え、新たに一から調べ直しました。

奴国王　卑弥呼
（ぬこくおう　ひみこ）

発行日　2019年2月21日　第1刷発行

著者　山田　勝（やまだ・まさる）
発行者　田辺修三
発行所　東洋出版株式会社
　　　　〒112-0014　東京都文京区関口1-23-6
　　　　電話　03-5261-1004（代）　振替　00110-2-175030
　　　　http://www.toyo-shuppan.com/
印刷・製本　日本ハイコム株式会社

許可なく複製転載すること、または部分的にもコピーすることを禁じます。
乱丁・落丁の場合は、ご面倒ですが、小社までご送付下さい。
送料小社負担にてお取り替えいたします。

© Masaru Yamada 2019, Printed in Japan
ISBN 978-4-8096-7928-5　定価はカバーに表示してあります

ISO14001 取得工場で印刷しました